Manfred Batz
Heike Andreschak

Gummibärchen für den Chef

edition winterwork

Bibliografische Informationen der Deutschen Nationalbibliothek:
Die Deutsche Nationalbibliothek verzeichnet diese Publikation in der Deutschen Nationalbibliographie. Detaillierte bibliographische Daten im Internet über http://www.d-nb.de abrufbar.

Nachdruck oder Vervielfältigung nur mit Genehmigung des Verlages gestattet. Verwendung oder Verbreitung durch unautorisierte Dritte in allen gedruckten, audiovisuellen und akustischen Medien ist untersagt. Die Textrechte verbleiben beim Autor, dessen Einverständnis zur Veröffentlichung hier vorliegt. Für Satz- und Druckfehler keine Haftung.

3. Auflage 2011 (ISBN-10: 3-936083-25-8)
2. Auflage 2010 (ISBN-10: 3-936083-21-7)
1. Auflage 2010 (ISBN-10: 3-936083-16-3)

Impressum

Manfred Batz, Heike Andreschak, „Gummibärchen für den Chef"
© 2013 edition-winterwork (4. Auflage)
Alle Rechte vorbehalten
Satz und Layout: cokoon | Raum für Gestaltung
Umschlagfoto: creativ collection
Druck und Bindung: winterwork borsdorf
ISBN 978-3-86468-544-6

Manfred Batz
Heike Andreschak

Gummibärchen für den Chef

4. Auflage

Inhalt

Vorwort   9

Einstieg: Gummibärchen für den Chef   15

Gummibärchen: Märchenhafte Momente in der Praxis   19

Strategieentwicklung: Dem Unternehmen eine Richtung geben   25

Leadership, Management und Coaching: Führung à la carte   37

Kompetenzmanagement: Ohne Kompetenzen ist alles nichts   45

Zielvereinbarung: Die Erfolge planen und gestalten   59

Personalmarketing: Viel mehr als nur Employer Branding   77

Führungsleitlinien: Von Werten leiten lassen   89

Mitarbeitergespräche: Führen heißt, Gespräche führen   99

Mitarbeiterbefragungen: Fragen stellen kann doch jeder   113

Präsentation: Ein Bild sagt mehr als tausend Worte   125

Moderation: Mit System ins Ungewisse   141

Verhandeln: Die hohe Schule der Gesprächsführung	161
Neukundengewinnung: Mit Konsequenz zum Erfolg	171
Vertriebsoptimierung: Besser sein als alle anderen	181
Servicemanagement: Vom Repair-Shop zum Service-Branding	191
Kundenbefragungen: Kunden gewinnen und begeistern	203
Mentaltraining: Gut drauf sein, wenn's drauf ankommt	215
Gesundheitsmanagement: Informationen zum Gebrauch	221
Work-Life-Balance: Das neue Selbstmanagement	231
Ausstieg: Gummibärchen für alle	237
Literatur	241
Stichwortverzeichnis	245
Autoren	253

Vorwort

*"Der Mensch ist vielerlei,
aber vernünftig ist er nicht."*
(Oscar Wilde)

Dieses Buch ist für alle, die sich ein lockeres, spielerisches, motivierendes und produktives Arbeitsumfeld wünschen. Gummibärchen für den Chef soll eine leichte, lockere und kurzweilige Sammlung von Themen auf dem Weg zum persönlichen Erfolg sein. Dieser Erfolg ist immer das Zusammenspiel zwischen einer professionellen mentalen Einstellung und echter harter Arbeit im Tagesgeschäft und niemals das Ergebnis einer einfachen Erfolgsformel.

Dennoch versprechen Managementgurus und -autoren dem gebeutelten Praktiker gerne etwas anderes bei der Suche nach dem ultimativen Erfolg. Der Guru mit der Hornbrille und seine „alles - außer gewöhnliche" Musterlösung ist omnipräsent. Und es gibt wohl keinen Praktiker, der sich nicht so dann und wann in seinem Leben gewünscht hat, es gäbe sie wirklich, die einfache Formel, die seine dringlichsten Probleme löst und ihm seinen Erfolg garantiert. Doch welchen Erfolg meinen sie konkret? Große Ideen, von Utopien ganz zu schweigen, gibt es kaum noch. Oder vielleicht doch? Angesichts des demografischen Wandels und der weiter fortschreitenden Globalisierung scheint eher ein grundsätzlicher Paradigmenwechsel erforderlich. Deshalb haben wir es nicht als zielführend erachtet, der bestehenden Ratgeber-Literatur ein weiteres Büchlein hinzuzufügen nach dem Motto: Es wurde schon alles gesagt und geschrieben, nur nicht von uns. Deshalb Gummibärchen für den Chef als Impulsgeber und Diskussionsgrundlage. Warum Gummibärchen für den Chef? Das erfahren Sie gleich im ersten Kapitel.

Was erwartet Sie sonst noch? Praxisnahe Themen nach dem Prinzip des Storytellings und Impulse aus erfolgreichen Managementtrainings und Seminaren! So können Sie sich im Sinne eines Nachschlagewerkes rasch über Themen wie Erfolg, Business Excellence, Strategieentwicklung, Leadership, Management und Coaching, Kompetenzmanagement, Zielvereinbarung, Personalmarketing, Mitarbeitergespräche, Mitarbeiterbefragungen, Verkaufsgespräche, Verhandeln, Servicemanagement, Kaltakquise, Kundenbefragungen, Mentaltraining, Gesundheitsmanagement und Work-Life-Balance mit geringem zeitlichen Aufwand informieren.

Nicht immer bewegen sich dabei die Storys im „Mainstream" des Zeitgeistes, da wir Modeerscheinungen mit kritischer Distanz betrachten. Das mag nicht jeder von Ihnen befürworten.

Danken möchten wir den folgenden Mitarbeitern, die an diesem Werk mit Impulsen, Konzepten und Emotionen, so der Slogan der Batz & Team Management GmbH, mitgewirkt haben. Deshalb ein ganz besonderer Dank an

Britta Behnert
Herbert Filacchione
Holger Glinde
Martina Mronga
Roger Partridge
Steve Sander
Bettina Siegler
Sandra Willis
Joachim Wunderlich

Ein weitereres Dankeschön geht auch an Herrn Magister Michael Braun für die fundierte Zusammenarbeit im Rahmen des Lektorats. Unsere Bücher Erfolgreiches Personalmarketing und Service Business sind in sehr namhaften Verlagen wie beispielsweise Luchterhand erschienen. Für die Veröffentlichung dieses Buchs haben wir einem inhabergeführten Verlag den Vorzug gegeben. Eine richtige Entscheidung.

Alle Leserinnen bitten wir um Nachsicht, dass die konventionell männliche Sprachform benutzt wurde. Dieses Buch richtet sich selbstverständlich an Frauen und Männer.

2. Auflage

Schon kurz nach der Vorstellung des Buches auf der Frankfurter Buchmesse wurde die zweite Auflage erforderlich. Ganz besonders gefreut hat uns, dass unser Buch trotz des unwissenschaftlichen Titels auch von namhaften Universitätsbibliotheken angeschafft wurde.

3. Auflage

Die dritte Auflage wurde inhaltlich ergänzt. Druckfehler der ersten und zweiten Auflage wurden beseitigt.

4. Auflage

Zwei Jahre sind seit der dritten Auflage vergangen, zwei Jahre, in denen wir in zahlreichen interessanten Projekten und Gesprächen weitere „Gummibärchen-Ideen" sammeln konnten. Diese Ideen und Impulse sind in die jetzt vorliegende 4. Auflage eingeflossen. Insbesondere die Kapitel Kompetenzmanagement, Personalmarketing, Mitarbeiterbefragungen und Kundenbefragungen wurden überarbeitet und erweitert. Neu hinzugekommen sind die Themen Führungsleitlinien, Neukundengewinnung und Vertriebsoptimierung. Druckfehler der vorangegangenen Auflagen wurden beseitigt.

Delbrück, im Oktober 2013
Manfred Batz
Heike Andreschak

Die Themen und Handlungsempfehlungen dieses Buches sind nicht frei erfunden. Deshalb möchten wir uns auch bei unseren Kunden - vielen Unternehmen, einigen Anstalten öffentlichen Rechts sowie zwei Fußballbundesligisten, die sich sicherlich an einigen Stellen des Buches wiedererkennen werden, für die immer sehr gute Zusammenarbeit ganz herzlich bedanken.

Einstieg:
Gummibärchen für den Chef

*„Nur wer die Herzen bewegt,
bewegt die Welt."*
(Ernst Wiechert)

Haben Sie sich schon einmal gefragt, womit Sie die meisten Entscheidungen treffen: mit dem Herz oder dem Verstand? Unser Herz wird etliche Sekunden vor der eigentlichen Entscheidung aktiv. Vermutlich haben wir schon entschieden, bevor wir das bewusst tun. Wenn es darum geht, eine Entscheidung zu treffen, werden wir in den meisten Entscheidungssituationen mit sehr unterschiedlichen und teilweise gegensätzlichen Emotionen konfrontiert.

Das klassische Beispiel ist die Flirtsituation: Sie wollen Ihr attraktives Gegenüber gerne ansprechen, weil Sie sich emotional angezogen fühlen, spüren aber auch gleichzeitig die Angst abgewiesen zu werden. Was jetzt in Ihrem Kopf passiert, sind zwei parallel laufende mentale Filme. Sie wägen ab, welches Risiko überwiegt und welche Entscheidung die größeren Chancen verspricht, wie etwa auch bei der Frage, die ich mir gerade stelle: Greife ich beim Dessert noch einmal zu, weil es super gut schmeckt oder habe ich Angst, noch weiter an Gewicht zuzulegen. Emotionale Reaktionen erfolgen fast doppelt so schnell wie rationale.

Nach dem emotionalen Stimulus sagt unser Bauchgefühl: „Das will ich" oder „das will ich nicht". Erst danach setzt der Verstand ein, rationalisiert und verifiziert. In der Regel versucht Ihr Verstand, eine Entscheidung rational zu begründen, die Sie emotional schon gefällt haben.

Wer klug und erfolgreich handeln möchte, sollte also keine übereilten Entscheidungen treffen. Das klingt banal, ist es aber keinesfalls. Jetzt kommen die Gummibärchen für den Chef ins Spiel. Genießen Sie vor einer Entscheidung ein paar Gummibärchen. Entscheiden Sie erst dann. Bei sehr wichtigen Entscheidungen ist es ratsam, mit einer kleinen Tüte Gummibärchen zu Bett zu gehen und eine Nacht über den wichtigen Entschluss zu schlafen. Bringen Sie dadurch positive Gefühle, rationale Erwägungen und emotionales Erfahrungswissen in Einklang. Treffen Sie also keine vorschnelle Entscheidung, die Sie beruflich oder privat im Nachhinein bitterlich bereuen.

Wenn Sie keine Zeit zum Überlegen haben, sondern sofort entscheiden müssen, haben Sie ein Problem. Denn Ihr logisches Denken ist äußerst störanfällig. Gefühle und Zeitnot legen diejenigen Teile Ihres Gehirns lahm, die mit Denken und rationalen Entscheidungen zu tun haben, nämlich das obere Großhirn. Wer hat noch nicht, beispielsweise unter dem Einfluss sofort eine Entscheidung fällen zu sollen, schon Dinge getan, die er später bereut hat? Wenn Sie Ihrem Gehirn Zeit lassen, sich mit einem Thema zu beschäftigen, greift Ihre Intuition. Dabei handelt es sich um Ihr gesamtes erinnerungsfähiges Bewusstsein. Es umfasst alles, was Sie wissen und auch erlebt haben.

Beim Überlegen werden Teile Ihres Gedächtnisses aktiviert und Erfahrungen wieder hervorgeholt. Diese wirken dann weiter auf den Entscheidungsprozess ein, auch und gerade wenn Sie nicht mehr aktiv darüber nachdenken. Plötzlich kommt eine Idee oder Lösung wie aus dem Nichts. Erst im Nachhinein reimen Sie sich zusammen, welches die richtigen Gründe für einen Entschluss oder für Einfälle waren. Diese Intuition ist etwas anderes als das Unbewusste. Denn wenn Sie sich dann einmal entschieden haben, dann wissen Sie intuitiv, dass die Entscheidung richtig war. Ganz wichtig: Starten Sie mit der Umsetzung der getroffenen Entscheidung innerhalb von 72 Stunden (Regel 1). Erst nach 72 Tagen (Regel 2) wird Ihr Verhalten dann zur Routine. Und bedenken Sie: Keine Entscheidung ist immer eine schlechte Entscheidung.

Gummibärchen sind nicht nur gut für die Entscheidungen des Chefs, sie sind auch ein wichtiges Hilfsmittel bei der erfolgreichen Mitarbeiterführung und -motivation. Zwischenmenschliche Brücken baut, wer - wie die Chinesen - von Geschäftsreisen seinen engsten Mitarbeitern etwas mitbringt, regionale Spezialitäten etwa. Eine Tüte deutscher Gummibärchen rumgehen zu lassen, ist eine kleine Geste mit besonders großer Wirkung. Chinesen würdigen es als Zeichen, dass der Chef an sie denkt.

Wann hat Ihr Chef Ihnen zuletzt etwas von einer Auslandsreise oder einem Auswärtstermin mitgebracht – und sei es nur das Lob eines Kunden für die gelungene Abwicklung eines Projektes?

Wertschätzung ist im Umgang mit chinesischen Mitarbeitern und Kollegen besonders wichtig. Wertschätzung bedeutet in erster Linie die Achtung der (kulturellen) Unterschiede. Nur wer die Tradition Chinas respektiert, bekommt Vertrauen und Feedback, wenn auch kein direktes. Zu den wertschätzenden Maßnahmen gehört dort auch, gemeinsam mit den Mitarbeitern zum Essen zu gehen.

Deutsche Führungskräfte dagegen machen oft den Fehler, im Büro zu bleiben. Sie sollten „Guten Morgen" wünschend durch Gänge und Werkshallen gehen, Mitarbeiter mit Namen begrüßen, sich nach der Familie erkundigen – und auch mal mit den Arbeitern plaudern. Das zeigt Wertschätzung, kostet nichts und hat sich auch in vielen anderen Ländern oder Kontinenten bereits bewährt.

Die Gummibärchen im Titel dieses Buches sind sicherlich real als kleine persönliche Belohnung oder zur Beruhigung der Nerven, vor allem aber im übertragenen Sinn zu verstehen. Sie stehen für Impulse, die wir den Chefs dieser Wirtschaftswelt mit den Themen, Konzepten und Beispielen dieses Buches geben wollen; sie stehen aber in erster Linie als Metapher für die Wertschätzung, die Menschen - und gerade Chefs und Mitarbeiter - sich bei ihrem täglichen Miteinander entgegenbringen sollten.

Treffen Sie die richtigen Entscheidungen und zeigen Sie Ihren Mitarbeitern Ihre Wertschätzung. Dann ist der Erfolg garantiert. Also: In Zukunft niemals ohne Gummibärchen - auch nicht beim Stöbern in den weiteren Themen dieses Buches!

Gummibärchen:
Märchenhafte Momente in der Praxis

"Kreativität ist nutzlos, wenn man nicht in der Lage ist, seine Ideen zu verkaufen."
(Davis M. Ogilvy)

Unternehmer Freitag ist ein außerordentlich kreativer Handwerksmeister. Er versteckt Gummibärchen in den Wohnungen seiner Kunden. Er lädt seine Kunden täglich zum Essen beim Drei-Sterne-Koch Raimund Ostendorp ein. Er befestigt Türanhänger an den Türen der Nachbarn. Er schickt fremden Menschen Geburtstagsgrüße. Er genießt mit seinen Mitarbeitern Steinmeisters einzigartigen Gummibärchenschnaps. Das Ergebnis all dieser kreativen Maßnahmen: Mitarbeiter- und Kundenloyalität ohne wenn und aber.

Klingt eher nach Märchenstunde, werden Sie jetzt vielleicht sagen. Kann sein. Aber märchenhafte Momente versüßen den Alltag und haben sicherlich noch niemandem geschadet. Außerdem nutzen die Menschen schon seit langer Zeit Märchen, um wichtige Botschaften zu transportieren und sich für ihr Leben inspirieren zu lassen. Also lesen Sie ruhig weiter, auch wenn Sie kein Märchenfan sind.

Ein Großteil der Kunden von Herrn Freitag gehört in die Kategorie 50+

und erwartet Komfort in allen Lebenslagen. Bei diesen Kunden fällt ein hochwertiges Angebot auf den fruchtbarsten Boden. Diese Menschen haben im Verlauf ihres Lebens genügend einschlägige Erfahrungen mit Handwerkern gemacht. Nicht immer positive. Bei älteren Menschen gelten auch noch ganz andere Werte und Verhaltensweisen. Sie würden niemals einen Handwerker beauftragen, ohne nicht schon vorher das Geld bereit gestellt zu haben und Rechnungen werden innerhalb weniger Tage bezahlt. Diese gegenseitige Wertschätzung wird auf sympathische Art und Weise durch Gummibärchen symbolisiert.

Nach beendeter Arbeit werden beim Kunden drei Tüten Gummibärchen irgendwo versteckt. Beispielsweise hinter der Badezimmertür, in der Dusche, hinter einer Blumenvase, hinter der Gardine oder einfach auf dem Teppichboden oder Parkett. So werden die Gummibärchen erst gefunden, wenn die Mitarbeiter von Herrn Freitag das Haus bereits verlassen haben. Dadurch wird ein besonderer Überraschungseffekt erzielt. Jede Tüte Gummibärchen hat einen kleinen Aufkleber auf der Rückseite mit einem Dank für die gute Zusammenarbeit und einer emotionalen Botschaft wie beispielsweise:

Wir sind Ihr Handwerker - Wir verstehen Sie!
Wir sind Ihr Handwerker - Wir mögen Sie!
Wir sind Ihr Handwerker - Wir schätzen Sie!
Wir sind Ihr Handwerker - Wir machen das für Sie!

Eine weitere besonders aufmerksamkeitsstarke Aktion ist es, Kunden bei größeren handwerklichen Projekten täglich zum Essen einzuladen. Solange beim Kunden gearbeitet wird, darf dieser ohne Limit zum Essen gehen. Die Einladung dazu wird bereits im Angebot ausgesprochen. So werden die Kunden von Herrn Freitag beispielsweise täglich zum Mittagsessen in den Profi-Grill von Raimund Ostendorp eingeladen. Bevor Ostendorp den Profi-Grill übernahm, war er als Demi-Chef de Cuisine im „Schiffchen" des Drei-Sterne-Kochs Jean Claude Bourgueil in Düsseldorf am Rhein tätig.

Mit diesen Einladungen wurde eine gigantische Mundpropaganda entfacht. Außerdem wurde dadurch eine echte Alleinstellung erreicht. Das machte bisher kein Mitbewerber. Der Fachmann nennt das „Unique Selling Proposition" (USP). Bei der Einladung gilt Vertrauen gegen Vertrauen. Und die Praxis zeigt, dass es auch genauso ist. Die Kunden konsumieren das, was sie normalerweise auch sonst essen und trinken.

Wenn die Mitarbeiter der Firma Freitag in einem Mehrfamilienhaus tätig sind, ist es die erste Aufgabe an allen Wohnungseingangstüren so genannte Türanhänger zu befestigen. Türanhänger sprechen die Zielgruppe dort an, wo sie auch garantiert und exklusiv erreicht wird. An der Tür zur Wohnung oder zum Büro. Türanhänger eignen sich immer als preiswerte Lösung für besonders pfiffige Werbeaktionen. Dieses so genannte Tür-zu-Tür Marketing ist aufmerksamkeitsstark und erreicht außergewöhnlich hohe Responsequoten. Durch die kleinen Türanhänger wird es nicht dem Zufall zu überlassen, ob ein Kunde nach den fertig gestellten Arbeiten eine Weiterempfehlung ausspricht. Denn jetzt wissen ja alle

Bewohner, dass die Firma Freitag im Haus ist. Und: Nachbarn sind neugierig. Deshalb wird der Kunde schon während und natürlich nach Abschluss der Arbeiten von den meisten Nachbarn befragt, wie es war und ob er zufrieden ist.

Etwas ganz Besonderes sind auch die Geburtstagskarten von Herrn Freitag. Seit mehreren Jahren werden die Adressen aller Geburtstagskinder, die in der Zeitung veröffentlicht werden, erfasst. Bis heute umfasst die Datenbank mehr als 3.000 qualifizierte Geburtstagsadressen. Diese Aktion hat in den letzten Jahren zu mehr als 500 Neukunden geführt. Täglich verlassen etwa zehn Geburtstagsbriefe das Unternehmen. Das Schreiben ist personalisiert, der Briefbogen ist vorgedruckt und mit Originalunterschrift versehen. Die Texte wechseln jedes Jahr, haben aber immer einen Bezug zum Thema Gummibärchen. Die Reaktionen auf diese Geburtstagsschreiben sind alle sehr herzlich und anrührend. Viele Geburtstagskinder schreiben oder rufen an, um sich zu bedanken, und schon ist ein neuer Kontakt aufgebaut.

Getreu dem Motto „Ohne Mitarbeiter ist alles nichts" hat das Thema Mitarbeiterführung für den Unternehmer Freitag höchste Priorität. Seiner Meinung nach genügt es nicht, sich durch Marketing und Werbung kurzfristig ein gutes Image aufzubauen. Auch die Mitarbeiter müssen mit ins Boot geholt werden. Training und andere Weiterbildungsmaßnahmen für die Mitarbeiter spielen dabei ebenso eine große Rolle wie eine systematische und professionelle Mitarbeiterauswahl. Nur so kann es gelingen, die passenden Mitarbeiter zu finden und auch zu halten. Ganz wichtig ist Herrn Freitag auch, mit gutem Beispiel voranzugehen. Das färbt eindeutig auf die Mitarbeiter ab, die dann das Prinzip Kundenloyalität auch bei ihrer täglichen Arbeit leben.

Die Motivation steigt auch, wenn der Chef sich bei den Mitarbeitern für die guten Leistungen bedankt, und das vielleicht sogar vor Kunden oder in aller Öffentlichkeit. Dabei ist es weit mehr als ein Ritual, dass sich das gesamte Freitag-Team bei den Mondnächten, der Kirmes oder dem Weihnachtsmarkt bei Steinmeister trifft um, wie könnte es anders sein, gemeinsam den einzigartigen Gummibärchenschnaps zu genießen. Dann sind das Lob, der Dank und die Wertschätzung von Unternehmer Freitag an seine Mitarbeiter für alle sichtbar.

Letztlich geht es darum, vollkommen normal, freundlich, kompetent, zuverlässig, sauber, ehrlich und pünktlich zu sein. Hinzu kommt die wertschätzende Haltung gegenüber allen Menschen. Das Lebensmotto von Herrn Freitag lautet „Gummibärchen für alle", für den Chef, für die Kunden und für die Mitarbeiter. Selbst wenn das ein wenig utopisch klingt - schön ist´s schon.

Strategieentwicklung:
Dem Unternehmen eine Richtung geben

*"Strategie
ist ein Kommunikationsprozess."*
(Horst Carus)

Der Wettbewerb ist intensiver, weil globaler und offener geworden. Der Kampf nicht nur um den Kunden, sondern heute noch viel intensiver auch um qualifizierte Mitarbeiter, hat allerorten begonnen. Produkte und Preise sind kein Abgrenzungsmerkmal mehr. Gefordert sind Strategien für mehr Effektivität, Effizienz und Nachhaltigkeit. Dass der demografische Wandel kommt bzw. schon da ist, ist akzeptiertes Wissen. Aber momentan sind ja zum Glück eher noch die anderen betroffen.

So entsteht zum Thema strategischer Umgang mit dem demografischen Wandel genauso der Eindruck einer Pathologie des Unternehmens wie bezogen auf die strategische Ausrichtung des Unternehmens allgemein. Strategien und Konzepte sind eher durch schillernde Begriffe als durch Umsetzungsorientierung charakterisiert. Böses Erwachen, wenn dann festgestellt werden muss, dass alles nur ein Papiertiger ist und die Umsetzung schon in der Startphase stecken bleibt. Handeln statt Heulen lautet jedoch die Devise. Was tatsächlich fehlt, ist nicht „Know-How", sondern „Do-how" und der Mut zur unmissverständlichen strategischen

Ausrichtung mit konsequentem Handeln. Erfolgreiches Strategiemanagement führt zu

Effektivität *durch Konzentration auf strategische Aktionsfelder*
Effizienz *durch die Nutzung übergreifender Erfolgspotenziale*
Ertragswachstum *und Kostenreduzierung durch Synergien*
Nutzung *des Wissenspotenzials durch motivierte Mitarbeiter*

Umbau statt Anbau

Effektivität und Effizienz sind nicht eine Frage des Entweder-oder, sondern des Sowohl-als-auch. Zu den großen Herausforderungen gehören dabei auch unpopuläre Entscheidungen, wenn sie als Ergebnis einer Analyse als unumgänglich und zwingend erkannt werden. In diesem Fall wird die Strategie zur „conditio sine qua non" für eine notwendige Anpassung. Im Rahmen einer erfolgreichen Strategieentwicklung fällt deshalb den Führungskräften eine ganz entscheidende Rolle zu, denn es muss ihnen gelingen, die strategische W-Fragen zu beantworten:

Wohin? *Sie bestimmen das Ziel der Entwicklung.*
Was? *Sie wählen die geeigneten strategischen Maßnahmen aus.*
Wer? *Sie legen fest, wer die Maßnahmen umsetzt (Verantwortung).*
Wie? *Sie können mit Kennzahlen messen, wie Maßnahmen wirken.*
Wann? *Sie steuern den strategischen Prozess durch Soll-/Ist-Vergleiche.*

Doch oftmals erscheinen den Führungskräften die Schuhe eines Strategie- oder Change-Managers viel zu groß. Durch Veränderungsprozesse werden bestehende Machtstrukturen in Frage gestellt. Widerstände gegen solche Entwicklungen sind weniger bei den Mitarbeitern als bei den Führungskräften im mittleren Management zu suchen. Eine unabdingbare Grundvoraussetzung für eine erfolgreiche Umsetzung ist jedoch das uneingeschränkte Commitment auf allen Ebenen. Veränderte Handlungsfelder zeichnen sich ab, aber vieles muss noch erarbeitet werden.

Bevor nun mit blindem Eifer begonnen wird, sollte man sich einige grundsätzliche Gedanken machen, wo man anfängt und, dies ist vielleicht noch wichtiger, wo man nicht anfängt. Es sind klare und eindeutige Prioritäten zu setzen, welche Fragen und Themen zuerst angegangen werden sollen. Ein erfolgreicher Veränderungsprozess unter dem Motto „Umbau statt Anbau" hängt von fünf zentralen Einflussgrößen ab: von der Konstitution des Unternehmens, von der relevanten Wettbewerbsposition, von dem Bewusstsein der Führungskräfte und der Mitarbeiter, von der Verantwortlichkeit sowie der angemessenen und richtigen Mischung leichter, kurzfristiger Erfolge mit schwierigeren, längerfristigen Verbesserungen. Zentrale strategische Fragen sind beispielsweise:

- Worauf sind wir besonders stolz?
- Wer sind unsere heutigen Kunden?
- Wer sind unsere zukünftigen Kunden?
- Wie ernst nehmen wir das Thema Kundenbegeisterung?
- Was sind unsere strategischen Wettbewerbsvorteile?
- Wie können wir Wissen für das Unternehmen erhalten?

- Wie können wir Kompetenzen zukunftsorientiert entwickeln?
- Welche Schwerpunkte soll unser Personalmarketing setzen?
- Wie können wir eine Arbeitgebermarke platzieren?
- Welche Veränderungen der Märkte sind zu erwarten?
- Wie sollen zukünftig die einzelnen Unternehmensbereiche agieren?
- Welche IT-Systeme sind erforderlich?
- Wie soll zukünftiges Wachstum realisiert werden?
- Wie können wir unseren Markterfolg forcieren?
- Welche strategischen Partner brauchen wir?
- Welche Führungsinstrumente sind erforderlich?
- Welche Kontrollinstrumente sind erforderlich?
- Was können wir vom Wettbewerb lernen?
- Was können wir von anderen Branchen lernen?
- Was sind die Eckpfeiler unserer Unternehmenskultur?

Wenn eine neue Strategie nur alter Wein in neuen Schläuchen ist, werden damit sicherlich lediglich kostbare und wichtige Ressourcen verschwendet. Betroffene durchschauen eine solche Farce sehr schnell. Probleme und Konflikte werden dann nur übertüncht und Mitarbeiter oftmals zu Zynikern. Es ist deshalb eminent wichtig, zuerst die akuten Probleme des Unternehmens zu lösen.

Professionelle Analyse

Voraussetzung für einen erfolgreichen strategiebildenden Veränderungsprozess ist die vorbehaltlose Analyse und Diagnose der Wirkungszusammenhänge und Defizite sowie das fundamentale Überdenken bisheriger Vorgehensweisen. Schon hier beginnt das zentrale Problem. Vielfach stehen persönliche Interessen einer notwendigen Veränderung entgegen. Neuorientierungen markieren eindeutige tiefe Entwicklungseinschnitte und gehören zu den besonders schwierigen Themen. Massive Widerstände und ein hohes Konfliktpotenzial führen dazu, dass vielfach eine ganzheitliche Strategie schon in der Analysephase boykottiert wird.

Wenn kurzfristig eintretende Veränderungen der Rahmenbedingungen dazu führen, dass sich Spielregeln und Spielpartner grundlegend verändern, werden viele erkennen müssen, dass das Konzept des Durchwurstelns in der Zukunft wenig erfolgsträchtig sein wird. Besondere Probleme werden die bekommen, die ohne ausgeprägte analytische Überlegungen gewollt oder ungewollt eine Position zwischen zwei Stühlen finden. Zu fordern ist deshalb auch eine klare strategische Positionierung des Unternehmens.

Bei einer professionellen Analyse geht es nicht darum zu kritisieren, sondern darum, innerbetriebliche Stärken und Schwächen und externe Chancen und Gefahren zu erkennen. Dieses Verfahren wird gemeinhin als SWOT-Analyse bezeichnet.

S Strength (*Stärken*)
W Weakness (*Schwächen*)
O Opportunities (*Chancen*)
T Threats (*Gefahren*)

Aus Kombination der Stärken-Schwächen-Analyse und der Chancen-Gefahren-Analyse kann eine ganzheitliche Strategie für die weitere Ausrichtung der Geschäftsprozesse abgeleitet werden.

Die Chancen und Gefahren kommen von außen und ergeben sich aus Veränderungen im Markt, in der technologischen, sozialen oder ökologischen Umwelt. Diese Bedingungen sind für das Unternehmen vorgegeben, die hier wirkenden Kräfte sind weitgehend exogen. Das Unternehmen beobachtet oder antizipiert diese Veränderungen und reagiert darauf mit Anpassung. Stärken und Schwächen beziehen sich auf das Unternehmen selbst, ergeben sich also aus der internen Analyse. Stärken und Schwächen produziert das Unternehmen selbst, sie sind Eigenschaften des Unternehmens bzw. werden vom Unternehmen selbst geschaffen, sie sind also Ergebnis der organisationalen Prozesse.

Dabei kann die Analyse sich auf das Unternehmen insgesamt oder einzelne Bereiche beziehen, so lässt sich innerhalb des Produktmanagements beispielsweise der SWOT-Ansatz im Bereich der Produktstrategie für ein Redesign des Produktportfolios einsetzen. Die Methode kommt auch zum Einsatz, um etwa im Rahmen einer Marktbetrachtung neue Anwendungen und verändertes Nutzerverhalten zu analysieren.

Die richtige Dosierung

Kein Unternehmen kann die erforderlichen Anstrengungen zur strategischen (Neu)Ausrichtung ohne eine eindeutige und unmissverständliche

Entscheidung der Geschäftsleitung leisten. Es hat wenig Sinn, hier einen Veränderungsprozess in Gang zu setzen, wenn die Unternehmensleitung nicht wirklich voll dahinter steht.

Am Anfang des Prozesses steht die Bewusstseinsbildung auf allen Ebenen. Bei den Mitarbeitern muss ein fundamentaler Wandel in Bewusstsein und Verhalten erreicht werden. Demnach ist es unabdingbar, zu Beginn des Veränderungsprozesses umfassende Überzeugungsarbeit zu leisten. Insbesondere die Mitarbeiter, die schon einmal viel Kraft in einen Veränderungsprozess investiert haben, der dann scheiterte, werden den Handlungsbedarf ignorieren. Die Regel heißt, erst anfangen, wenn es wirklich ernst ist. Strategieumsetzung ist kein Schönwetterthema, sondern muss auf der Werteskala ganz oben rangieren, und die Strategie muss allen bekannt sein.

Eine Strategie formuliert die grundlegende Ausrichtung des Unternehmens, legt die langfristigen Geschäftsziele fest, bestimmt die Positionierung des Unternehmens am Markt und baut wettbewerbsrelevante Ressourcen aus. Prozesse legen die Art der Arbeitsteilung fest und koordinieren die arbeitsteilige Aufgabenerfüllung. Die Infrastruktur des Unternehmens wird beispielsweise durch Kompetenzmanagementsysteme oder Managementinformationssysteme geprägt.

Die Werbetrommel zu rühren und Geld in Prozesse und Infrastrukturen zu investieren, bringt nichts, wenn die strategischen Eckpunkte unklar sind. Eine umfassende strategische Ausrichtung zeigt auch, wo weitere

Investitionen nötig sind, und sie gibt Hinweise, wo und wie Geld gespart und die Resultate verbessert werden können. Die richtige Dosierung ist anfangs besonders wichtig, damit man einige frühe, leichte und kostengünstige Erfolge vorweisen kann, die demonstrieren, dass eine Strategie bzw. strategische Neuorientierung grundsätzlich erfolgreich machbar ist.

Schon geringe Modifikationen im Managementsystem, beispielsweise eine Erweiterung des Kompetenzspielraums der Mitarbeiter, kann reale Auswirkungen haben und somit stimulierend wirken und dies, obwohl Manager der mittleren Ebene vielfach Schwierigkeiten haben, sich an ihre neue Rolle als Coach anstatt als Chef zu gewöhnen. Wenn sie jedoch durch ihr Verhalten demonstrieren, wie sehr ihnen die Sache am Herzen liegt, bemerkt das jeder und hat dabei das Gefühl, dass eine grundlegende Entwicklung stattfindet. Doch starke Kulturen sind hartnäckig und stabil, sie zu verändern kann Jahre dauern. Dieser Tatbestand beeinflusst auch das Tempo, in dem Infrastrukturen ausgebaut und ausgereifte Instrumente eingeführt werden können. Schnelle Resultate bleiben meist ein Wunschtraum, wenn man die folgenden zehn strategischen Erfolgsfaktoren wirklich in den Griff bekommen möchte:

Anpassungsfähigkeit
Innovationsfähigkeit
Unternehmenskultur
Zeitrelevanz
Selbstvertrauen

Leadership
Risikobereitschaft
Komplexitätsreduktion
Zielkundenmanagement
Finanzmanagement

Integration statt Einzeloptimierung

Die Situation ist ernüchternd: Noch immer lassen sich die Entscheidungsträger offensichtlich von Aktionen mit kurzfristigen Erfolgen blenden. Geplante grundlegende strategische Veränderungen werden wieder auf Eis gelegt oder nur halbherzig verfolgt. Die Praxis zeigt, dass solche Veränderungsprozesse schiefgehen, weil sich manche Entscheider vor den notwendigen konsequenten Veränderungen drücken. Der zu gehende Weg darf nicht durch ein enges und starres Maßnahmenkorsett eingeengt werden. Tabus kann und darf es nicht geben. Wie bei einem Fitnessprogramm muss auch der Muskelkater in Kauf genommen werden.

Den richtigen Weg zu finden und zu gehen, impliziert auch die Suche nach den richtigen Schritten. Der prozessorientierten Ablauf enthält insgesamt ein Bündel von Ideen, Maßnahmen, Instrumenten und Hilfsmitteln, die dazu beitragen sollen, einen erfolgreichen Veränderungsprozess einzuleiten. Den einzelnen Schritten wird dabei ein Ursache-Wirkungs-Verhältnis unterstellt. Eine erforderliche Abweichung von diesen vorgeschlagenen Schritten ist dann nicht mit verminderten Erfolgen verbunden, wenn die ursprüngliche Intention der ganzheitlichen Sichtweise erhalten bleibt. Die konkrete inhaltliche Ausgestaltung der einzelnen Schritte kann sicherlich nur unternehmensspezifisch erfolgen. Standardlösungen existieren nicht; auch, weil ein dynamisches Konzept permanente individuelle Anpassung während des Prozesses erfordert.

Dabei soll die Anwendung in einem Wertschöpfungs-Center Hinweise darauf geben, ob vorgegebene Ziele richtig gesetzt wurden, und überprüfen, ob die eingeleiteten Programme geeignet sind, die als zentral bewerteten Ziele langfristig zu fördern. Eine offene Kommunikation und Zieldiskussion und die kontinuierliche Überprüfung des Zielerreichungsgrades leiten zudem einen Prozess des ständigen Lernens im Unternehmen ein.

Die Zeiten, in denen sich Produkte und Leistungen fast von allein verkauft haben, sind definitiv vorbei. Um nicht nur reagieren, sondern auch agieren zu können, sind Strukturen, Programme und Instrumente, die sich über Jahrzehnte bewährt haben, plötzlich zu schwerfällig geworden. Sie werden als altbackene Strickmuster und Insellösungen entlarvt. Erfolgreiche Unternehmen lassen sich auch bei der Strategiefindung von folgenden Grundsätzen leiten:

1. *Sorgen Sie dafür, dass Ihr Unternehmen überdurchschnittlich wächst.*
2. *Wenn Sie Ihre Kunden nicht überzeugen, wird es ein anderer tun.*
3. *Wenn Sie nicht verkaufen können, müssen Sie Restkunden nehmen.*
4. *Sie haben immer die Kunden, die Sie verdienen.*
5. *Der Kunde zahlt Ihr Gehalt und das Gehalt Ihrer Kollegen.*

6. Gehen Sie auf Ihre Kunden ein, aber nicht jeder Kunde ist attraktiv.
7. Denken Sie daran, dass Kunden nur bei Siegern kaufen.
8. Ihre Verkaufserfolge finden niemals in der Komfortzone statt.
9. Nutzen Sie Zahlen, Daten und Fakten zur Effizienzsteigerung.
10. Publizieren Sie Ihre Erfolgserlebnisse.

Um für den Wettbewerb fit zu werden, sind kreative und innovative Konzepte gefragt. Anstatt Teilbereiche oder Funktionen einzeln zu betrachten, steht der Prozess als Ganzes im Mittelpunkt der Aufmerksamkeit. Statt Zersplitterung in möglichst viele Elemente, ist eine Strategie in dem hier definierten Sinne die (Re-)Integration und (Re-)Vitalisierung aller Prozesse. Die hohe Qualifikation aller Mitarbeiter, von der Führungskraft bis zum Spezialisten, erfordert es geradezu, dieses Potenzial auch tatsächlich zu nutzen.

Leadership, Management und Coaching: Führung à la carte

„Führung ist Vorbild
in Handlung und Haltung."
(Peter Zürn)

Die differenzierte Betrachtung zwischen Leadership, Management und Coaching kann durchaus schon als klassisch bezeichnet werden. Sie kennzeichnet unterschiedliches Führungsverhalten, welches sich in der Praxis oftmals in einem wechselseitigen Prozess gegenüber steht. Zu verstehen, dass und wie visionäre Führung, perfektes Management, aber auch emotionales Coaching Hand in Hand gehen können, bleibt somit der entscheidende Schlüssel zum Führungserfolg.

Mit Umsicht zu gestalten und umzusetzen sind in diesem Zusammenhang die allseits beliebten Unternehmens- und Führungsgrundsätze. Oft nur Schubladenpapiere sind sie in dieser Form wohl noch am unschädlichsten. Haben sie doch den Zweck, aus einer gemeinsamen Auffassungsgrundlage heraus jenes Ausmaß an Übereinstimmung im Handeln und Verhalten sicherzustellen, das die Vermeidung von Widersprüchlichkeiten in den Unternehmensprozessen gewährleistet.

Gut, wenn dieser Rahmen auch eine individuelle, persönliche Positionsbestimmung ermöglicht und Handlungsfreiräume schafft. Selbständigkeit und Bindung durch Grundsätze dürfen hier keine sich ausschließenden Gegensätzlichkeiten sein, sondern müssen Pole einer Einheit sein, die in Wechselbeziehungen zueinander stehen.

Die durch Unternehmens- und Führungsgrundsätze bewirkte Gestaltung des Führungsverhaltens kann mehr oder weniger weit gehen. Sie bewegt sich zwischen den beiden Polen einer völligen Handlungsfreiheit und ihrer restlosen Bindung durch Verhaltensvorschriften. Im ersten Fall ergeben sich aus Konflikten bei der Umsetzung Reibungsverluste, im zweiten Fall werden die schöpferischen, in der eigenen Persönlichkeit liegenden Kräfte des Mitarbeiters lahmgelegt. Grundsätze müssen das erste dadurch vermeiden, dass sie ein Handeln aus einem gemeinsamen Geiste heraus bewirken, das zweite aber dadurch, dass sie in der Form allgemeiner Grundsätze vorliegen, deren Anwendung Raum sowohl für eine Anpassung an die jeweilige Situation als auch für eine persönliche Individualität lassen. Die Inhalte der Unternehmens- und Führungsgrundsätze bestimmen entweder die anzustrebenden Ziele oder die Art des Vorgehens zu ihrer Erreichung. In beiden Fällen entspringen ihnen Anforderungen an das Verhalten.

Leadership, Management und Coaching

Ein erfolgreicher Leader hat eine Vision und gibt eine Langfristperspektive, er mobilisiert und inspiriert seine Mitarbeiter und bindet sie in seine Gedankenwelt ein. Er sieht sich als Motor für quantitatives und qualitatives Wachstum im Unternehmen.

Die Ziele eines Leaders entstehen aus Bedürfnissen.

- Er konzentriert sich auf Entdeckungen.
- Er identifiziert sich mit Leistung.
- Er setzt sich mit Ideen auseinander.
- Er vermittelt Botschaften.
- Er begeistert durch Visionen.

Ein erfolgreicher Manager beherrscht Planung, Budgetierung, Controlling und Prozessmanagement. Er ist in der Lage, Komplexität zu reduzieren und in den Griff zu bekommen. Er steuert die Effizienz der Organisation und setzt Verbesserungsprozesse in Gang.

Die Ziele eines Managers entstehen aus Notwendigkeiten.

- Er konzentriert sich auf Prozesse.
- Er identifiziert sich mit Strukturen.
- Er setzt sich mit Ergebnissen auseinander.
- Er vermittelt Themen.
- Er motiviert durch Lob und Tadel.

Ein Coach befasst sich mit individuellen Entwicklungsprozessen. Er ist in der Lage, Potenziale und Kompetenzen zu identifizieren. Er fordert und fördert die Mitarbeiter und zeigt Entwicklungschancen auf.

Die Ziele eines Coaches entstehen aus einer lernenden Organisation.

- Er konzentriert sich auf Potenziale.
- Er identifiziert sich mit Lernen.
- Er beschäftigt sich mit Alternativen.
- Er vermittelt Chancen.
- Er motiviert durch Perspektiven.

Es stellt sich die Frage, ob eine Person zugleich ein erfolgreicher Leader, Manager und Coach sein kann. Sicherlich hat jede Person in der Regel Präferenzen im Denken und Handeln. Das bedeutet aber nicht zwangsläufig, dass man nicht seine Kompetenz erweitern und sein Handlungsspektrum erweitern kann.

Leadership, Management und Coaching kann trainiert werden, so dass sich hier für Unternehmen völlig neue Perspektiven ergeben, wie sie ihre High-Potentials auswählen und gezielt und mit langfristiger Perspektive entwickeln können und auch müssen. Gesucht werden muss also nicht mehr der eine Typ „Leader", auf den sich natürlich alle Unternehmen stürzen.

Dies setzt jedoch voraus, dass Unternehmen den elementaren Unterschied zwischen Leadership und Management und Coaching verstehen und akzeptieren, um dann systematisch daranzugehen, ihre High-Potentials so zu trainieren, dass sie später die eine oder die andere Rolle übernehmen können.

In letzter Konsequenz bedeutet das dann auch, dass Funktionen grundsätzlich je nach Bedarf abwechselnd mit Leadern, Managern oder Coaches besetzt werden können. Bei Unternehmen, die dies nicht verstanden haben, werden wir weiterhin deplatzierte Führungsfiguren am Werk sehen: Visionäre, wo es den kühlen Manager bräuchte, kontrollierende Manager, wo es den inspirierenden Leader bedürfte und einfallslose Vorgesetzte, wo empathische Coaches notwendig wären.

Situative Führung und Reifegrad

Bei der Frage, welches Führungsverhalten in diesem Zusammenhang nun das angemessene ist, sind sich Theorie und Praxis einig: „Das individuell-situative Führungsverhalten!" Der Führungserfolg ist demnach von den Situationsvariablen abhängig, in denen sich die Leader, Manager und Coaches einerseits und die Mitarbeiter andererseits befinden.

Letztendlich bestimmt der Reifegrad des Mitarbeiters entscheidend das Führungsverhalten. Je nach Qualifikation des Mitarbeiters oder Teams müssen Führungskräfte ein der Situation angemessenes Führungsverhalten wählen. Es liegt auf der Hand, dass ein Mitarbeiter, dessen so genannter Reifegrad gering ausgeprägt ist, ein anderes Führungsverhalten erfordert als ein Mitarbeiter mit einem stark ausgeprägten Reifegrad.

Der Reifegrad von Mitarbeitern umfasst zwei Aspekte: einen sachlichen und eine psychologischen. In sachlicher Hinsicht streben „reife" Mitarbeiter Verantwortung an; sie entwickeln selbstständig ihre Fähigkeiten und ihr Fachwissen. In psychologischer Hinsicht wollen „reife" Mitarbeiter etwas erreichen, sie sind motiviert und engagiert. Die vier Standardausrichtungen des situativ-individuellen Führungsverhaltens sind:

Telling - Führung durch Unterweisung (aufgaben-/erklärungsorientiert)
Bei einer niedrigen Reife der Mitarbeiter wird eine ausgeprägte Aufgabenorientierung mit überschaubaren Unterweisungsschritten empfohlen.

Selling - Führung durch Verkaufen (aufgaben-/nutzenorientiert)
Hat sich der Mitarbeiter weiterentwickelt (geringe bis mäßige Reife), ist es empfehlenswert, wenn die Führungskraft mit Vorgaben nutzenorientiert führt.

Integrating - Führung durch Integration (ziel-/aufgabenorientiert)
Mitarbeiter mit mäßiger bis hoher Reife benötigen keine detaillierten Vorgaben. Hier ist wichtig, den Prozess der Zielformulierung und Aufgabenrealisierung als integrativen Prozess zu verstehen.

Participating - Führung mit Zielen (ziel-/vereinbarungsorientiert)
Bei ausgeprägt hoher Reife ihrer Mitarbeiter sollte die Führungskraft zielbezogen und vereinbarungsorientiert führen und die Mitarbeiter an den Zielbildungsprozessen beteiligen.

Ziel der situativen Führung ist es, Kompetenzen und Potenziale jedes einzelnen Mitarbeiters zu erkennen und auszuschöpfen. Ausgehend vom Reifegrad des Mitarbeiters muss ein individuelles Führungsverhalten praktiziert werden. Die Umsetzung erfolgt in vier Schritten.

Zuerst muss der individuelle Reifegrad jedes einzelnen Mitarbeiters ermittelt werden. Jeder Mitarbeiter bringt einen unterschiedlichen Reifegrad in Bezug zur Arbeit mit. Kennzeichen des jeweiligen Reifegrads sind z. B. die Kompetenz, das Entscheidungsverhalten, die Zielorientierung und das Engagement des Mitarbeiters.

Danach richtet sich dann das angemessene Führungsverhalten. Je höher der Reifegrad, umso mehr sollte die Führungskraft weggehen von der Aufgabenorientierung hin zur Zielorientierung.

Bei der Umsetzung des Führungsverhaltens im Zeitablauf ist dann auf jeden Fall auch noch folgender Zusammenhang zu beachten: Der Reifegrad des Mitarbeiters verändert sich im Laufe der Zeit. Deshalb ist auch der Führungsstil entsprechend anzupassen. Situatives Führen ist immer auch ein dynamischer Prozess.

Feedback im Führungsprozess

Im Berufsleben vollziehen sich permanent Vorgänge der Einschätzung. Ein ehrliches Feedback erleben wir dagegen gerade in der Unternehmenswelt eher selten. Meist wird jedoch vergessen, dass Leistungseinschätzung etwas wirklich ganz Alltägliches ist, da sie fast in jeder Situation, auch ohne ein formales System, stattfindet. Jeder positive oder negative Gedanke über einen anderen Menschen und jede personelle Einschätzung basiert letztlich auf Überlegungen zur Einschätzung einer Leistung, eines Verhaltens, einer Persönlichkeit oder eines Potenzials. Die Zielerreichung im Unternehmen hängt immer von der individuellen Leistungs- und Entwicklungsfähigkeit eines jeden - sei es Führungskraft oder Mitarbeiter - ab. Grundlage dafür ist, dass durch die Rahmenbedingungen Leistung, insbesondere auch Führungsleistung, gesehen und anerkannt wird. Dazu gehört auch, nicht nur jeden Mitarbeiter klar und deutlich über seine Zielerreichung, seine Leistung und sein Leistungspotenzial aus der Sicht der Führungskraft und des Unternehmens zu informieren, sondern auch den Führungskräften Feedback über ihre Führungsleistung zu geben. Hier können die so genannten 360°-Feedback-Konzepte für mehr Klarheit sorgen.

(Unternehmens-)Führung ohne Feedback ist kaum denkbar. Anerkennung und Kritik, Mitarbeiterförderung und -entwicklung setzen ein zuverlässiges und gültiges Meinungsbild über das Leistungsverhalten des Einzelnen voraus. Es geht dabei aber nicht nur darum, wer der Leistungsfähigste ist, sondern auch darum, welche Potenziale der einzelne Mitarbeiter hat und wie diese Potenziale in partnerschaftlicher Verantwortung optimal genutzt und gefördert werden können.

Kompetenzmanagement:
Ohne Kompetenzen ist alles nichts

*"Gib mir sieben entschlossene Männer,
und ich werde das Gesicht der Welt verändern."*
(Ignatius von Loyola)

Fast alle erfolgreichen - aber auch nicht erfolgreiche - Unternehmen betonen die Bedeutung des so genannten Humankapitals. Abgesehen davon, dass eine solche Formulierung nicht wirklich mitarbeiterorientiert klingt, bleiben diese meistens gut gemeinten Worte leider oft nur eine leere Worthülse. Wie kann nun diese Aussage mit Leben gefüllt werden? Die Einführung eines professionellen Kompetenzmanagements kann dabei helfen, die Mitarbeiter tatsächlich zum wichtigsten Kapital des Unternehmens zu machen und diesen Wert auch noch zu steigern.

Kompetenzen als Wert

Durch den wirtschaftlichen, gesellschaftlichen und demografischen Wandel verändern sich die Anforderungen an die Mitarbeiter stetig. Komplexere Aufgaben und die schnellere Veraltung von Wissen stellen für jedes Unternehmen große Herausforderungen dar.

Der Marktwert zukunftsorientierter Unternehmen kann nicht mehr ausschließlich und allein durch finanzielle Kennzahlen bestimmt werden. Er wird vielmehr durch einen „unsichtbaren Wert" repräsentiert, der häufig auch als Wissenskapital bezeichnet wird. In kompetenten Mitarbeitern wird dabei die entscheidende Quelle nachhaltiger Wettbewerbsvorteile, mit einen signifikanten Anteil am Gesamterfolg der Unternehmen, gesehen.

Kompetenzen spielen somit eine zunehmend dominante Rolle in Unternehmen. Die Beherrschung der fachlich methodischen Voraussetzungen wird weitgehend als selbstverständlich angesehen. Erst umfassende persönliche Kompetenzen befähigen die Mitarbeiter und Führungskräfte dazu, einmalige Leistungen zu erbringen und damit nichtimitierbare Produkte und Leistungen zu schaffen, die zu echten, überdauernden Wettbewerbsvorteilen führen. Mitarbeiterkompetenzen sichern schließlich die Flexibilität und Innovationsfähigkeit und somit das Überleben des Unternehmens. Immer mehr Unternehmen setzen deshalb ein Kompetenzmanagement, denn

- Kompetenzen sind für den Erfolg des Unternehmens wichtig
- der demografische Wandel zwingt zu neuen Strategien
- die Erwartungen kompetenter Mitarbeiter werden anspruchsvoller
- die Anforderungen an Talente steigen sehr stark an
- der Bedarf an hochkompetenten Mitarbeitern steigt
- auf dem externen Arbeitsmarkt gibt es einen Bewerberengpass

Kompetenzmanagement soll die langfristig notwendigen Kompetenzen eines Unternehmens erfassen, systematisieren und gezielt entwickeln. Zudem sollen diese entdeckten Wissenspotenziale zum richtigen Zeitpunkt am richtigen Ort zugänglich sein. Anspruchsvolle und dynamische Anforderungen in kundenorientierten Unternehmen erfordern flexible und zeitnahe Reaktionsfähigkeit. Insbesondere im Hinblick auf die hohe Flexibilität beim Vertrieb von Produkten und Dienstleistungen rückt die Wettbewerbsressource Mitarbeiterwissen ins Blickfeld.

Im Mittelpunkt des Kompetenzmanagements stehen Kompetenzen und Fähigkeiten, nicht Verantwortlichkeiten, Zuständigkeiten oder Befugnisse. Kompetenzen schließen die individuell bisher nicht genutzten, quasi versteckten, Potenziale ein und charakterisieren die Fähigkeiten von Menschen, sich in komplexen und dynamischen Prozessen und Strukturen zurechtzufinden. Somit geht es bei der Einstufung von Kompetenzen nicht um die Bewertung von Ergebnissen oder Verhalten, sondern um die Erfassung von Dispositionen, Wissen und Potenzialen.

Kompetenzmanagement ist deshalb auch die Systematisierung und das Management des impliziten Wissens eines Unternehmens. Die Nutzung dieses Wissens kann beispielsweise bei zielorientierten Entwicklungsmaßnahmen (Personalentwicklung) oder bei der Mitarbeiterrekrutierung (Talentmanagement) erfolgen.

Letztendlich geht es auch darum, dieses unternehmens- und mitarbeiterbezogene Wissen im Unternehmen langfristig zu binden. Ein modernes und systematisches Kompetenzmanagement unterstützt sowohl die Führungskräfte als auch die Unternehmensführung auf individueller und strategischer Ebene, z. B. durch

- Identifizierung von Kompetenzen, die für den Erfolg des Unternehmens wichtig sind
- Darstellung von Kompetenzen nach Abteilungen, Niederlassungen, Tochterunternehmen etc.
- Erfassung von IST-Kompetenzprofilen für Mitarbeiter nach Funktionen differenziert
- Erarbeitung von SOLL-Kompetenzprofilen für Mitarbeiter nach Funktionen differenziert
- Abgleiche der SOLL-/IST-Profile und Potenzialanalysen
- Aufbau eines internen Stellenmarkts und Rankings geeigneter Kandidaten
- Ermittlung des Personalentwicklungs-, Ausbildungs- und Weiterbildungsbedarfs
- Unterstützung der Mitarbeiterrekrutierung im Rahmen des Talentmanagements
- Einbeziehung von Zielvereinbarungen als Teil eines Performance-Managements

Konzept und Akzeptanz vor Technik

Grundsätzlich ist bei der Entwicklung und Einführung eines Kompetenzmanagement-Systems Folgendes zu beachten: Eine Software kann nicht strategische und konzeptionelle Überlegungen ersetzen; sie unterstützt den Prozess, sie erleichtert Routinetätigkeiten und optimiert den Workflow. Sie liefert so den Verantwortlichen Zeit für konzeptionelle oder strategische Überlegungen, aber auch – und dies wird in vielen Unternehmen unterschätzt – Zeit für Führung und insbesondere das Führen von Mitarbeiter- und Entwicklungsgesprächen.

Eine Software kann und sollte also niemals am Anfang des Projektes „Kompetenzmanagement" stehen. Denn es entstehen oftmals hohe Anpassungskosten, wenn bei der Vorauswahl der Software das Konzept des Kompetenzmanagement-Systems noch nicht steht.

Zuerst wird durch ein Projektteam, das sich aus Mitarbeitern unterschiedlicher, erfolgsrelevanter Abteilungen zusammensetzt, der Kompetenzkatalog definiert. Dabei gilt es auch, Bewertungsskalen und/oder Verhaltensanker zu finden. Kompetenzen und Verhaltensanker müssen hinsichtlich ihrer Aussagekraft und Trennschärfe analysiert werden. Bei der Entwicklung des Modells sind folgende Fragen wichtig: Welche Anforderungen/Aufgaben werden an unsere Mitarbeiter heute und morgen gestellt? Welche Kompetenzen werden zu deren Erfüllung benötigt? Ein so entwickeltes Kompetenzmodell kann dann zum Beispiel nachstehende Kompetenzbereiche umfassen:

- Unternehmenskompetenzen
  (z. B. Strategie-, Markt-, Struktur- und Prozesskompetenzen)
- Produktkompetenzen
  (z. B. Sortiments-, Produkt- und Dienstleistungskompetenzen)

- Fachkompetenzen
    (z. B. Buchhaltungs-, PC- oder IT-Kompetenzen)
- Leistungskompetenzen
    (z. B. Entscheidungs- oder Selbstmanagementkompetenzen)
- Sozialkompetenzen
    (z. B. Kommunikations- oder Konfliktmanagementkompetenzen)
- Führungskompetenzen
    (z. B. Planungs-, Delegations- oder Motivationskompetenzen)

In einem nächsten Schritt werden dann die Funktionen des Unternehmens, teilweise auch als Stellen, Positionen oder Rollen bezeichnet, ermittelt. Häufig wird in diesem Zusammenhang auch von der Bildung so genannter Jobfamilien gesprochen. Jobfamilien oder Funktionen können sein: Geschäfts-, Service- oder Verkaufsleitung, Einkauf, Auftragsbearbeitung/Innendienst, Außendienst. Danach werden die entsprechenden Soll-Profile definiert. Die Erfassung der IST-Profile erfolgt als 360°-Einstufung durch die Mitarbeiter selbst, die direkte Führungskraft und soweit möglich auch durch externe Dritte wie Trainer oder Coaches.

Die Darstellung detaillierter und systematischer Kompetenzprofile und Anforderungsanalysen dient dazu, die Personalentwicklung mit der Unternehmensstrategie eng zu verbinden. Mit diesem Tool ist somit die Abstimmung der Personal- mit den Unternehmenszielen sichergestellt.

Die Analyse der Kompetenzen sowie Vergleiche der Soll- und Ist-Profile mittels einer Kompetenzmanagement-Software ermöglichen eine rasche

Feststellung von Lücken zwischen strategischen Anforderungen und Ist-Ausprägungen sowie der Ableitung konkreter Personalentwicklungsmaßnahmen.

Bei der Auswahl eines Softwareanbieters kommt es darauf an, welche Schwerpunkte und welcher Bedarf vorhanden sind. Eine einheitliche Definition von Kompetenzmanagement-Software gibt es bislang noch nicht. Allein der Umstand, dass sich die Softwareanbieter bisher nicht auf eine eindeutige Definition einigen konnten, zeigt, wie schwierig der Markt zu identifizieren ist. Tatsächlich verwischen die Grenzen zwischen den einst separat erhältlichen Lösungen zunehmend. Kompetenzmanagement, Talent- oder Bewerbermanagement, Laufbahn- und Nachfolgeplanung, Personalentwicklungs- und Weiterbildungsplanung sowie Performance-Management sollte aber jede Lösung beinhalten.

Empfehlenswert für eine erfolgreiche Einführung und Akzeptanz bei den unterschiedlichen Nutzergruppen ist, dass ein Unternehmen zunächst mit einem Modul, beispielsweise mit Kompetenzmanagement beginnt, und dass alle Mitarbeiter über Self-Service-Portale in den Prozess eingebunden werden. Erst danach sollten weitere Module eingesetzt werden. Nur dann wird die Effizienz erhöht und Transparenz in den Prozessen geschaffen.

Vor der Einführung eines Kompetenzmanagement-Systems muss die Unternehmensführung zudem zunächst eine Kultur für Kompetenzmanagement schaffen. Das ist vor allem dann eine Herausforderung, wenn, wie in vielen Unternehmen üblich, detaillierte Prozesse unbekannt sind und diese erst evaluiert und mit verschiedenen Anforderungen in Einklang gebracht werden müssen.

Kompetenzmanagement und Mitarbeitergespräch

Die Einführung eines Kompetenzmanagements verändert auch die Unternehmens-, Führungs- und Kommunikationskultur, denn das System bleibt wirkungslos, wenn nicht auch periodische Mitarbeitergespräche als Kompetenz-, Förder- oder Entwicklungsgespräche eingeführt werden, um den Mitarbeitern Feedback über ihre Kompetenzen zu geben. Das eindeutige Bekenntnis der Geschäftsführung gehört dabei genauso zu den Erfolgsfaktoren wie die ausreichende und frühzeitige Einbeziehung der betrieblichen Interessenvertretung.

Es empfiehlt sich, die Einführung der Mitarbeitergespräche simultan durch die bereits bestehende Projektgruppe zu planen, d. h. es werden die Prozesse und Strukturen für die Durchführung geklärt, Möglichkeiten zur Dokumentation in der Kompetenzmanagement-Software gestaltet, Werkzeuge wie Gesprächsleitfäden erarbeitet und die Trainings und Schulungen für die Führungskräfte geplant und vorbereitet.

Unternehmen, die nicht über ausreichend internes Know-how verfügen, sollten sich externe Unterstützung einkaufen. Diese Investition zahlt sich bei der Umsetzung meist mehrfach aus. Steht das Konzept für Kompetenzmanagement und Mitarbeitergespräche, dann gilt es, eine umfassende Information der Beschäftigten durchzuführen, um vorhandene Ängste und Befürchtungen zu nehmen und die Akzeptanz zu erhöhen.

Ein zentraler Erfolgsfaktor und wichtiger Meilenstein bei der Praxiseinführung ist das intensive Training der Führungskräfte. Dadurch wird nicht nur Sicherheit bei den Führungskräften, sondern auch eine entsprechende Standardisierung in der Umsetzung erreicht. Zentraler Inhalt der Trainingsmaßnahmen für die Führungskräfte sollte ein erarbeiteter Gesprächsleitfaden für die Mitarbeitergespräche sein.

Weniger ist mehr

Implementierungszeiten von zwei Monaten bis zu einem Jahr sind normal. Wegen der sehr unterschiedlichen Kosten- und Leistungsmodelle ist es nahezu unmöglich herauszufinden, was einzelne Projekte kosten. Es kommt darauf an, ob die Lösung als Inhouse-Variante oder „on demand" als ASP-Variante (Application Service Providing) beziehungsweise SaaS Variante (Software as a Service) bereitgestellt wird. Bei SaaS- oder ASP-Lösungen übernehmen externe Dienstleister die Verarbeitung und Bereitstellung der personalrelevanten Daten. Dies erfreut sich, trotz vorhandener Sicherheitsbedenken, immer größerer Beliebtheit.

Bei der Betrachtung der Kosten ist auch die Frage, wie zeitnah der Return on Investment (ROI) erreicht werden kann, besonders wichtig. Die Implementierung und Nutzung der Software bedeutet zwangsläufig einen zeitlichen und monetären Aufwand. Er gliedert sich in

- Aufwand bei der Implementierung
- Aufwand im Zuge der Praxisanwendung

Bei der Software sollte lediglich im Vorfeld festgelegt werden müssen, wie die einzelnen Funktionen genutzt werden sollen und welche Workflows eingepasst werden müssen. Der Aufwand zur Schulung für den Endanwender sollte möglichst akzeptabel bleiben. Deshalb ist also besonders auf intuitive Nutzerführung für Anwender und Administratoren zu achten. Insgesamt gilt: Weniger (an Funktionen und Modulen) ist oft mehr (an Komfort und Akzeptanz)!

Den Kosten kann ein konkreter Nutzen wie Zeitersparnis und effizientere Arbeitsabläufe gegenüber gestellt werden. Ein Mitarbeiter- und Führungskräfteportal (Self-Service) dient zur Optimierung aller Mitarbeiterprozesse. Mitarbeiter werden in Abläufe integriert und entlasten dadurch den Personalbereich von administrativen Routinetätigkeiten.

Ein softwarebasiertes Kompetenzmanagement ermöglicht eine nahezu papierlose Kompetenzeinschätzung mit jederzeit transparenten und nahtlosen Prozessen. Außerdem sorgen vorgefertigte Bausteine für enorme Zeitersparnis für Mitarbeiter, Vorgesetzte und Personalabteilungen. Ergebnisse sind:

bis zu   5 % Produktivitätssteigerung
bis zu 40 % mehr Zeit für strategische Aufgaben
bis zu 14 % mehr interne Stellenbesetzungen.

Nach Einführung eines Kompetenzmanagementsystems ist bei den meisten Anwendern die Rate der Kompetenzeinschätzungen von knapp 40 % auf fast 97 % angestiegen. Die Kosten personalwirtschaftlicher Prozesse werden durch Einsparungen bei Druck-, Verteilungs- und Versandkosten, Verringerung der Fehlerquoten sowie Beschleunigung des Informationsflusses reduziert. Dies alles kann letztendlich zu einem ROI (Return on Investment) von unter einem Jahr führen.

Die Zukunft im Blick

Nachdem die großen Unternehmen zunehmend erkannt haben, wie wichtig Kompetenzmanagement für ihre Wettbewerbsfähigkeit ist, setzt sich diese Erkenntnis nun auch immer mehr bei mittelständischen Unternehmen durch.

Der Einsatz eines Kompetenzmanagements führt dazu, dass die eigenen Mitarbeiter kompetenter sind als die der Mitbewerber und die aus der Unternehmensstrategie abgeleiteten personalpolitischen Maßnahmen zu den geplanten Wettbewerbsvorteilen führen. Das Management kann dadurch die Kompetenzen der Mitarbeiter zur Erreichung der Unternehmensziele erfolgreich nutzen.

Ein professionelles Kompetenzmanagementsystem zeichnet sich dadurch aus, dass das Kompetenzmanagement mit der Geschäftsstrategie verknüpft ist, ein einheitliches betriebliches Kompetenzmodell eingesetzt wird und alle Aktivitäten aufeinander abgestimmt sind.

Sieht man dann die Humanressourcen auch noch als zentrale Ressource für den Unternehmenserfolg an, erscheint es folgerichtig, im Strategieentwicklungsprozess mit der Ermittlung der Kompetenzen der Mitarbeiter zu beginnen. Denn: Der Erfolg eines Unternehmens ist nicht nur von aktuellen Entscheidungen, sondern vor allem von der langfristigen Entwicklung unverwechselbarer Ressourcen und Kompetenzen abhängig. Daher beginnt die Strategieentwicklung mit der Ermittlung der zukünftig relevanten Mitarbeiterkompetenzen.

Außerdem können durch die umfangreiche Kompetenzermittlung mehr und möglicherweise auch neue Kernkompetenzen als Basis zur Abstimmung der Unternehmensstrategie mit dem Markt verwendet werden. Dies erhöht die Flexibilität des Unternehmens und ermöglicht eine schnelle Anpassung an veränderte Umweltbedingungen. Kompetenzmanagement ist für ein zukunftsorientiertes Unternehmen unverzichtbar.

Oftmals wird zusätzlich auch ein Modul Bewerbermanagement eingeführt, um einerseits die Time-to-hire entscheidend zu reduzieren und andererseits einen zeitgemäßen Bewerbungsprozess zu etablieren. Die Zufriedenheit der Bewerber mit dem Prozess wird ausgesprochen positiv beeinflusst, was letztendlich auch für ein professionelles Personalmarketing und ein positives Employer Branding entscheidend ist.

Kompetenzmanagement steht also nicht nur in enger Verbindung mit der Unternehmensstrategie, sondern auch mit dem Thema Personalmarketing. Über die Frage, ob Personalmarketing Kompetenzmanagement beinhaltet oder umgekehrt, kann man sicherlich streiten oder einen wissenschaftlichen Diskurs führen. Vielleicht ist es eher wie bei Yin und Yang: Das eine kann ohne das andere nicht (erfolgreich) sein.

Zielvereinbarung:
Die Erfolge planen und gestalten

„Das Ziel muss man früher kennen als die Bahn."
(Jean Paul)

Steven Jobs, langjähriger CEO von Apple Inc., formulierte es so: „Egal, ob Sie Topmanager sind oder gerade Ihre Firma in einer Garage gründen, die Herausforderung ist immer dieselbe: Wer sind Ihre entscheidenden Mitarbeiter?" Mit diesen Mitarbeitern sind Ziel- und Quartalsgespräche zu führen! In diesen Gesprächen wird der Frage nachgegangen: Was kann der Mitarbeiter in den kommenden drei Monaten zum Erfolg des Unternehmens beitragen? Und mit welchen Aktivitäten und Maßnahmen kann er das erreichen.

Unter den vielen Instrumenten der Mitarbeiterführung hat sich also das Führen mit Zielen als besonders erfolgreich erwiesen. Die Erfahrung hat jedoch gezeigt, dass Mitarbeiter die Ziele nicht nur verstehen, sondern auch teilen müssen. Denn, wenn die Mitarbeiter den Zielen des Unternehmens zustimmen, steigt auch ihre Motivation, diese zu erreichen. Der entscheidende Vorteil einer Zielvereinbarung dürfte die Flexibilität der Aktivitäten und Maßnahmen sein, die schneller an die aktuellen wirtschaftlichen Erfordernisse angepasst werden können.

Auf den folgenden Seiten erhalten Sie in einer Art „Trainingsprogramm" konkrete Tipps und Anregungen, wie Sie als Führungskraft den Prozess der Zielvereinbarung mit Ihren Mitarbeitern aktiv gestalten können.

Mitarbeiter und Geschäfte führen

Die Führung durch Zielvereinbarung (Management by Objectives) wurde in der anglo-amerikanischen Führungspraxis entwickelt und geht auf theoretische Arbeiten von Drucker und Odiorne zurück. Bei Zielvereinbarungen im Rahmen von Zielgesprächen wird dem Mitarbeiter bewusst ein Handlungsspielraum bezüglich der Maßnahmen und Aktivitäten zur Zielerreichung eingeräumt.

Im Gegensatz zur Führung mit Ergebnisbereichen (Management by Results), bei der die Führung die Ergebnisbereiche mit detaillierten Verhaltensregeln und -anweisungen vorgibt, sollen bei einer Führung mittels Zielvereinbarung (Management by Objectives) Führungskraft und Mitarbeiter gemeinsam die Ziele und Maßnahmen festlegen. Die Führung mit Ergebnisbereichen (Management by Results) ist eine realtiv statische Führungskonzeption, bei der die Mitarbeiter nur sehr geringe Handlungsmöglichkeiten haben.

Im Zentrum des Prinzips Zielvereinbarung steht der Leistungsprozess. Die prozessorientierten Ziele sind nicht nur zu formulieren, sondern den Fähigkeiten des jeweiligen Mitarbeiters individuell anzupassen sowie als eine Herausforderung für diesen zu formulieren. Unterforderung ist auszuschließen. Ziele werden periodisch neu vereinbart und nicht einfach fortgeschrieben, um Situationsänderungen zu berücksichtigen.

Zielgespräche und Kompetenzprofile sind die Basiselemente des Konzeptes. Ziele sollten zunächst dort erarbeitet werden, wo die meisten Informationen zusammenfließen. Dies ist in der Regel der jeweilige Funktions- bzw. Verantwortungsbereich des Mitarbeiters. Einen Ausdruck findet das Prinzip auch in der Bildung eines Profit Centers als organisatorische Einheit.

Führungskräften fällt weniger die Aufgabe zu, im Tagesgeschäft aktiv zu sein, als ihre Mitarbeiter zu eigenständigem Arbeiten zu bewegen bzw. ihnen dieses zu ermöglichen. Institutionalisierte Zielgespräche ermöglichen professionelle Zielvereinbarungen und fundierte Ziel-/Ergebnisanalysen. Die Führungstätigkeit konzentriert sich deshalb auf den Prozess zur Zielerreichung mit den folgenden Phasen:

- Messgrößen festlegen
- Messhöhen festlegen
- Ergebnisse messen
- Ergebnisse analysieren

Richtig genutzt ist die Zielvereinbarung ein hervorragendes Instrument der Unternehmens- und Mitarbeiterführung. Aber zu oft blieben solche Systeme in der Planung oder aber halbherzigen Durchführung stecken und führten zur Demotivation von Führungskräften und Mitarbeitern.

Für die erfolgreiche praktische Umsetzung sind deshalb folgende Hinweise zu berücksichtigen:

- Erfassen Sie unbedingt die wichtigen Strategieziele!
- Das Image der Führungskultur muss positiv sein!
- Führungskräfte müssen das Konzept vorleben!
- Die Gesamtsicht der Ziele muss transparent sein!
- Bevorzugen Sie nicht nur leicht messbare Ziele!
- Formulieren Sie auch anspruchsvolle Ziele!
- Zielgespräche beinhalten auch Entwicklungsziele!
- Zielvereinbarung geht vor Zielvorgabe!
- Ziele werden teambezogen abgestimmt!
- Erarbeiten Sie Maßnahmen zur Zielerreichung!
- Führen Sie Ziel- und Quartalsgespräche!

Kompetenzbereiche und Ziele

Definieren Sie den jeweiligen Kompetenzbereich einer Mitarbeiterin bzw. eines Mitarbeiters durch ein Kompetenzprofil. Das Kompetenzprofil umfasst die Kompetenzen (SOLL/IST) des jeweiligen Mitarbeiters. Formulieren Sie daraus dann die Ziele, die den Kompetenzbereich am besten abbilden.

Es handelt sich in der Regel um 5 bis 8 Kernziele, die den Kern des Kompetenzbereichs darstellen. Die Ziele beinhalten sowohl Messgrößen als auch Messhöhen.

Messgröße

Als Messgröße wird die inhaltliche Definition eines Ziels bezeichnet (z. B. Umsatz).

Messhöhe

Als Messhöhe wird die quantitative Definition eines Ziels bezeichnet (z. B. 7,2 %).

Zeitbezug

Jedes Ergebnisziel hat einen konkreten Zeitbezug (z. B. bis 30. 12. d. J.).

Folgende Aspekte sind bei der Zielformulierung zu berücksichtigen:

- Ziele müssen organisations- und strategiekonform sein.
- Ziele müssen auch tatsächlich beeinflussbar sein.
- Ziele müssen mit dem Budgetsystem harmonieren.
- Ziele müssen die Organisationsstruktur widerspiegeln.
- SOLL- und IST-Kompetenzen dürfen nicht zu stark abweichen.
- Die Ziele eines Mitarbeiters sind Teil der Ziele seiner Führungskraft.
- Ziele beschreiben keinesfalls Aufgaben oder Tätigkeiten.
- Ziele beinhalten sowohl Messgrößen als auch Messhöhen.
- Ziele enthalten keine Wertung wie gut oder schlecht.
- Ziele enthalten keine Indikatoren wie erhöhen oder optimieren.
- Ziele sollten aus maximal zwei Worten bestehen.
- Die Zielplanung erfolgt sowohl Top-down als auch Bottom-up.

Folgende Kriterien sind bei der Auswahl von Zielen zu berücksichtigen:

- Welche strategischen Ziele sind die Basis des Systems?
- Welche Messgrößen sollen herangezogen werden?
- Welche Messhöhen sind sinnvoll und zweckmäßig?
- Wie sind die Ziele zuverlässig zu messen?
- Wie kann das Set an Zielen überschaubar gehalten werden?
- Was hängt mit wem zusammen, und was beeinflusst was?
- Welche Ziele sind in welchem Umfang zu gewichten?
- Welche Ziele sind als Beitrag zum Gesamtergebnis zu erreichen?
- Sind Qualität, Quantität, Zeit und Kosten berücksichtigt?
- Ist es erforderlich, Kompetenzbereiche noch besser zu definieren?

Ein ausbalanciertes System

Zielmanagement kann nur zusammen mit einer Planung zum Erfolg führen. Eine systematische Integration verschiedener Messgrößen ergibt ein ausbalanciertes Zielsystem mit Zielen aus den folgenden Bereichen:

- Ergebnisziele Finanzen (z. B. Deckungsbeitrag)
- Ergebnisziele Prozesse (z. B. Qualitätskosten)
- Ergebnisziele Kunden (z. B. Kundenzufriedenheit))
- Ergebnisziele Mitarbeiter (z. B. Kompetenzen)

Eine ganz entscheidende Praxisfrage ist, wie eine variable Vergütung mit dem Zielmanagement verknüpft werden soll. Für die Phase der Implementierung empfiehlt es sich, das Zielmanagement nicht sofort in allen Bereichen entgeltrelevant zu machen. In der zweiten oder dritten Phase, wenn sich das Zielmanagement bewährt hat und das Feintuning erfolgt ist, kann fast problem- und konfliktlos ein variables Vergütungskonzept angekoppelt werden.

In der Praxis stoßen Führungskräfte, die anspruchsvolle Ziele mit ihren Mitarbeitern vereinbaren wollen, immer wieder auf Widerstände. Verständlich: Ein Mitarbeiter, der im Hinblick auf seine Prämie hohe Ziele akzeptiert, muss schon etwas verrückt sein. Andererseits wird den Mitarbeitern die Suppe auch richtig kräftig durch kaum erreichbare Ziele versalzen. Bei der Zielprofessionalisierung geht es um die realistische Einschätzung des wirklich Machbaren. Eine maximale Prämie kann nur erreicht werden, wenn ein möglichst hohes Ziel vereinbart wird. Diese Profiprämie wird erreicht, wenn das vereinbarte SOLL und das erreichte IST identisch sind. Bei Überschreitung der Ziellinie steigt die Prämie zwar, aber nicht in die Höhe, die erreicht worden wäre, wenn vorab ein höheres Ziel vereinbart worden wäre. Das Ergebnis: Es werden höhere und realistischere Ziele vereinbart, der Planungsprozess wird professioneller, die Ziel-Ergebnis-Analyse wird aussagefähiger, Motivation und Leistungsniveau steigen.

In Ihrem Führungserfolg werden Sie als Führungskraft daran gemessen, wie Sie mit Ihrem Team messbare und an der Unternehmenspolitik ausgerichtete Ziele erreichen und somit zur Wertschöpfung beitragen. Durch motivierende Gespräche stellen Sie sicher, dass Ihre Mitarbeiter mit ganzem Einsatz zu diesem Erfolg beitragen. Betrachten Sie Mitarbeitergespräche daher auch als wichtige Hilfe bei Ihrer Teamführung und nicht etwa als lästige Pflichtübung.

Die Gespräche vorbereiten

Von Ihren Zielgesprächen hängt vieles ab: Sie können mit gut durchgeführten Gesprächen das Vertrauen Ihrer Mitarbeiter in Ihre Teamführung und den gemeinsamen Erfolg gewinnen, Sie können bei schlecht durchgeführten Gesprächen allerdings auch stark demotivieren. Als Führungskraft sollten Sie Ihre Gespräche daher gut vorbereiten. Bereiten Sie Ihr Zielgespräch schrittweise vor!

1. Definieren Sie die Ziele des Zielgesprächs:
Was soll der Mitarbeiter in diesem Zielgespräch erkennen?
Was soll der Mitarbeiter anschließend an Maßnahmen umsetzen?

2. Suchen Sie nach überzeugenden Argumenten:
Mit welchen Aussagen wollen Sie überzeugen?
Wie wollen Sie die Zusammenhänge erklären?

3. Bereiten Sie einen Dialog vor:
Was wollen Sie vom Mitarbeiter im Zielgespräch erfahren?
Wie wollen Sie den Mitarbeiter fragen oder zum Reden ermutigen?

4. Formulieren Sie die Eckpunkte der Vereinbarung:

Welche Zahlen, Daten, Fakten sollen fest vereinbart werden?
Welcher Terminplan soll zugrunde gelegt werden?

5. Suchen Sie nach einem abschließenden „High-Light":
Wie wollen Sie das Zielgespräch positiv beenden?
Welche Unterstützung benötigt der Mitarbeiter von Ihnen?

Legen Sie motivierende sowie umsatz- und ertragsfördernde Jahresziele fest. Erläutern Sie dem Mitarbeiter, was seine Ziele mit dem Erfolg des Unternehmens zu tun haben. Entscheidend ist es dabei, dem Mitarbeiter deutlich zu machen, warum das Erreichen seines Ziels wichtig dafür ist, dass das Unternehmen als Ganzes Erfolg hat.

Vermeiden Sie es, widersprüchliche oder widersprüchlich erscheinende Ziele zu formulieren. Beispielsweise indem Sie vereinbaren, dass der Mitarbeiter einerseits die Anzahl der Kundenbesuche erhöhen, andererseits die gefahrenen Jahreskilometer reduzieren soll.

Beschränken Sie sich auf eine überschaubare Anzahl von Kernzielen pro Mitarbeiter (5 bis 8) und setzen Sie diese, nachdem Sie sie schriftlich fixiert haben, in Beziehung. Seien Sie ehrlich, wenn manche Ziele sich widersprechen und versuchen Sie, Prioritäten zu vergeben.

Während es vielleicht auf Geschäftsführungsebene Sinn machen kann, abstrakte Ziele zu formulieren, mit denen sich alle Mitarbeiter identifizieren können, müssen die Ziele umso konkreter werden, je weiter sie transportiert werden. So kann Kundenzufriedenheit heißen, dass jede Kundenanfrage innerhalb von 3 Stunden beantwortet wird, jeder ADM den Kunden 1-mal wöchentlich besucht, die Fehlkomissionierung bei unter 0,5 % liegen soll, wir von 7 bis 21 Uhr erreichbar sind oder wir eine 0800 Freecallnummer einrichten.

Wichtig ist, dass jeder Mitarbeiter genau weiß, was er zu tun hat. Und: Je konkreter Sie ein Ziel mit Aktivitäten und Maßnahmen verknüpfen, desto mehr Kraft geht davon aus und desto eher wird der Mitarbeiter es erreichen. Bleiben Sie realistisch: Unterscheiden Sie zwischen Wünschen und Zielen. Ziele, die zu hoch gesteckt sind, motivieren niemanden. Im Gegenteil, sie führen zu Frustration.

Da es darum geht, motivierende sowie umsatz- und ertragsfördernde Jahresziele mit dem einzelnen Mitarbeiter festzulegen, sollten Sie dieses Gespräch anhand folgender Fragen gründlich vorbereiten:

- Sie haben den Mitarbeiter informiert, dass es in dem Gespräch um Zielvereinbarungen geht?
- Sie haben Ihren Mitarbeiter rechtzeitig und persönlich zum Gespräch eingeladen?
- Sie haben den Termin und den Ort gemeinsam verbindlich abgestimmt?
- Sie haben das Zeitfenster für das Gespräch genannt?
- Sie haben dem Mitarbeiter ausreichend Zeit zur Vorbereitung gegeben?

- Sie machen sich während des Gesprächs Notizen?
- Sie führen das Gespräch ohne Zeitdruck durch?

Ziel- und Quartalsgespräche in der Praxis

Die Ziel- und Quartalsgespräche sind rechtzeitig und sachlich vorzubereiten. Schwerpunkt der Quartalsgespräche ist die so genannte Ziel-Ergebnis-Analyse. Fragestellungen: Welche Ziele sind erreicht worden? Welche Standards wurden erfüllt? Warum wurden Ziele nicht erreicht? Gründe für Ziel-Abweichungen: Fehler beim Festlegen der Ziele! Fehler in den Aktivitäten und Maßnahmen! Unvorhersehbare Ereignisse! Die diagnostizierten Ursachen sind bei der Formulierung der neuen Aktivitäten und Maßnahmen zu berücksichtigen. Das Quartalsgespräch ist kein Kontrollgespräch, sondern ein qualifiziertes Führungsgespräch mit Aktivitäten und Maßnahmen.

Voraussetzung ist: Sie haben mit jedem Ihrer Mitarbeiter ein Planungs- und Zielgespräch geführt und dabei konkrete Zielvereinbarungen getroffen. Es wurden messbare Leistungsziele vereinbart und Aktivitäten und Maßnahmen beschlossen. Auch wenn Sie im Arbeitsalltag ständig mit Ihren Mitarbeitern kommunizieren, sollten Sie sich die Zeit nehmen, Monats- oder Quartalsgespräche zu führen.

Ihr Führungserfolg wird daran gemessen, wie es Ihnen gelingt, mit Ihrem Team die anspruchsvollen Ziele zu erreichen, die Sie vereinbart haben. Sie sind darauf angewiesen, dass Ihre Mitarbeiter leistungsstark arbeiten können und wollen. Sie haben fünf gute Gründe, sich die Zeit zu nehmen, mit jedem Mitarbeiter ein motivierendes Gespräch zu führen:

- Sie wollen wissen, ob der Mitarbeiter noch auf Zielkurs ist.
- Sie wollen sicherstellen, dass der Mitarbeiter die notwendigen Kompetenzen für seine Aufgaben hat.
- Sie wollen dem Mitarbeiter Ihre Wertschätzung für seinen Beitrag zu Ihrem Erfolg zollen.
- Sie wollen den Mitarbeiter darin bestärken, leistungsfördernde Verhaltensweisen zu entwickeln.
- Sie wollen mit dem Mitarbeiter weitere Aktivitäten und Maßnahmen zur Zielerreichung vereinbaren.

Nutzen Sie das Quartalsgespräch bewusst als Instrument der Mitarbeiterführung und Mitarbeitermotivation. Bringen Sie in Erfahrung, ob der Mitarbeiter auf dem richtigen Weg ist. Sie als Führungskraft haben den strategischen Weitblick über das aktuelle Tagesgeschäft hinaus. Das können Sie nicht bei allen Mitarbeitern voraussetzen. Nutzen Sie das Quartalsgespräch dazu, mit dem Mitarbeiter noch einmal auf die Ziele zu schauen:

- Hat er jetzt, nach Ablauf des Quartals, ausreichend viel geschafft?
- Weiß er noch, wohin der Weg führen soll?
- Kann er wichtig von unwichtig unterscheiden?
- Erkennt er, dass es um das Zusammenwirken aller geht?
- Kann er seinen Beitrag in den Gesamtzusammenhang einordnen?

Nutzen Sie das Gespräch auch dazu, herauszufinden, ob die Voraussetzungen und Kompetenzen ausreichen.

- Fühlt sich der Mitarbeiter kompetent genug für seine Aufgaben?
- Stehen ihm die notwendigen Informationen zur Verfügung?
- Weiß er, wer ihm bei Bedarf helfen kann?
- Kennt er die Kunden und ihre Anliegen gut genug?

Gegebenenfalls planen Sie jetzt mit dem Mitarbeiter, durch welche Maßnahmen fehlende Kompetenzen schnell aufgebaut werden können. Ihre Mitarbeiter sind dann besonders leistungsstark, wenn sie motiviert sind, wenn ihnen der Job Spaß macht. Spaß bedeutet nicht, dass Sie wie ein Animateur für stets gute Laune sorgen müssen. Nutzen Sie vielmehr folgende Motivatoren, um Ihre Mitarbeiter zu Höchstleistungen anzuspornen:

Wertschätzung:
„Meine Führungskraft sieht, was ich leiste.
Ich bekomme ihre Anerkennung."

Vertrauen:
„Ich kann jederzeit auch mit Fehlern zu
meiner Führungskraft kommen."

Problemlösung:
„Meine Führungskraft macht mich nicht fertig,

sondern hilft mir, Probleme zu lösen."

Zuversicht:
„Ich schaffe meinen Job. Ich weiß, wie es geht und habe alles Notwendige dafür."

Herausforderung:
„Meinen Job kann ich nicht mit links machen. Wenn ich es schaffe, kann ich stolz darauf sein."

Klima:
„Ich arbeite in einem guten Team. Die anderen akzeptieren mich. Wir halten zusammen."

Nutzen Sie das Quartalsgespräch auch, um dem Mitarbeiter für das bisher Geleistete zu danken. Tun Sie das auch dann, wenn die Ergebnisse nicht so gut wie erhofft sind! Positives Verstärken macht Mut, noch mal richtig die Ärmel hochzukrempeln. Sie sind als Führungskraft auf Ihrem Karriereweg, weil Sie erfolgsorientiert arbeiten und kommunizieren können. Setzen Sie das jedoch nicht bei jedem Ihrer Mitarbeiter voraus.

Einige Mitarbeiter haben Chaos in ihren Unterlagen. Sie vergeuden nicht nur wertvolle Zeit mit häufigem Suchen, ihnen geht auch immer wieder Wichtiges „durch die Lappen", weil sie Unterlagen verlegen. Einige arbeiten „auf den letzten Drücker". Oft reicht es dann noch gerade eben. Aber sehr oft werden Termine dann doch nicht gehalten. Manch einer ist auch ganz besonders kommunikativ und plaudert sich bei Kunden oder Kollegen fest.

Feedback geben und nehmen

Es ist Ihre Aufgabe als Führungskraft, bei Ihren Mitarbeitern leistungsmindernde Verhaltensweisen zu sehen und zu korrigieren. Führen Sie Ihre Monats- und Quartalsgespräche nach folgenden Regeln: Steigen Sie sofort ins Thema ein. Versuchen Sie nicht, erst mit Small Talk den Mitarbeiter „aufzulockern". Er geht mit einer gewissen Anspannung ins Gespräch und möchte bald wissen, woran er ist. Begrüßen Sie freundlich und beginnen Sie zum Beispiel so: „Herr Weiler, schön, dass Sie da sind. Wir führen heute unser Quartalsgespräch. Ich möchte mit Ihnen schauen, wie weit Sie schon gekommen sind. Und dann besprechen wir, wie es im nächsten Quartal weitergehen soll."

Lassen Sie den Mitarbeiter zuerst berichten. Ihr Mitarbeiter hat sich auf das Gespräch vorbereitet. Bringen Sie ihn mit einer offenen Frage zum Sprechen. Motivieren Sie den Mitarbeiter durch Ihr wertschätzendes Feedback. Bevor Sie in die Details der einzelnen Ziele einsteigen, geben Sie dem Mitarbeiter Ihr Feedback: „Herr Weiler, bevor wir zur Planung für das nächste Quartal kommen, möchte ich Ihnen meine Anerkennung für Ihre Leistungen in ... aussprechen. Besonders hilfreich für das Team war ...!" oder: „Herr Krüger, im Planungsgespräch hatten wir ja auch das Thema Neukundengewinnung. Dazu kann ich Ihnen jetzt sagen, dass ich sehr angetan bin, wie Ihnen das inzwischen gelingt. Meine Hochachtung." Gehen Sie auf die Kernziele und Vereinbarungen ein.

- Nehmen Sie dazu die Protokolle zur Hand.
- Vergleichen Sie Soll und Ist.
- Welche Ursachen führten zu Abweichungen der Ist-Werte vom Soll?
- Verifizieren Sie, ob das Ziel und die Vereinbarung so bleiben kann.
- Justieren Sie gegebenenfalls nach.
- Legen Sie Meilensteine oder Termine für Zwischen-Checks fest.
- Besprechen Sie, ob die erforderlichen Hilfsmittel vorhanden sind.
- Protokollieren Sie die Eckpunkte dieses Gesprächs.
- Was waren heute die Zwischenstände der Jahresziele?
- Wann werden welche Zwischenstände geprüft?
- Was wurde außerdem vereinbart?

Holen Sie sich auch Feedback vom Mitarbeiter. Ihr Mitarbeiter hat sicherlich Ideen, wie Sie ihn besser unterstützen könnten. Verlassen Sie sich nicht darauf, dass er es Ihnen von sich aus sagt. Fragen Sie konkret nach. Schließen Sie das Gespräch positiv ermutigend ab. Die Stimmung, mit der Ihr Mitarbeiter aus diesem Gespräch herausgeht, ist maßgebend für seine Motivation, sich nun engagiert an die Arbeit zu machen. Lassen Sie auch bei enttäuschenden Zwischenergebnissen das Gespräch in etwas wie folgt ausklingen: „Ich bin überzeugt, wir haben jetzt eine gute Basis für das kommende Quartal geschaffen. Sie packen das!"

Wenn Sie bei der folgenden Checkliste die allermeisten Fragen mit Ja beantworten können, dann ist Ihnen das Quartalsgespräch gelungen und Sie haben dieses Führungsinstrument zu Leistungssteigerung und Motivation gut genutzt:

- Weiß der Mitarbeiter, was er bis zum nächsten Gespräch tun soll?
- Traut sich der Mitarbeiter das Erreichen seiner Ziele zu?
- Sind Meilensteine oder Kontrolltermine vereinbart?
- Kennt der Mitarbeiter seinen Beitrag zum Gesamtergebnis?
- Weiß der Mitarbeiter mit wem er kooperieren soll?
- Sind die Ziele auch ein Instrument der persönlichen Entwicklung?
- Hat der Mitarbeiter Misserfolge des letzten Quartals reflektiert?
- Hat dieses Gespräch dem Mitarbeiter erneut Mut gemacht?
- Weiß der Mitarbeiter, dass Sie ihn wertschätzen?
- Hat dieses Gespräch das Vertrauensverhältnis gefestigt?

Personalmarketing:
Viel mehr als nur Employer Branding

*„Mit dem Wind, den man selber macht,
lassen sich die Segel nicht füllen."*
(Karl Heinrich Waggerl)

Personalmarketing, verstanden als ganzheitlicher, marktorientierter Ansatz, ist die passende Antwort auf den Mangel an Fach- und Führungskräften. Trotzdem herrscht vielfach noch Unklarheit, was unter dem Begriff Personalmarketing zu verstehen ist und was Personalmarketing leisten kann.

Personalmarketing ist eine unternehmensstrategische Maßnahme, bei der Konzepte aus dem (Dienstleistungs-)Marketing für den Personalbereich aktiv angewandt werden, um ein Unternehmen insgesamt als attraktiven Arbeitgeber darzustellen und von anderen Unternehmen positiv abzuheben.

Als „ganzheitlich strategischer Ansatz der Unternehmensführung" taucht der Begriff Personalmarketing in der deutschsprachigen Literatur erstmals bei Batz (Erfolgreiches Personalmarketing 1994) auf. In weiten Bereichen der Praxis und auch der Literatur wird Personalmarketing heute immer noch reduziert auf spezielle Aspekte, wie Personalbeschaffung,

Personalwerbung, Hochschulmarketing oder Auszubildendenmarketing.

Veränderte Rahmenbedingungen

Allein der Mittelstand muss aktuell knapp 30.000 Stellen mit Fach- und Führungskräften besetzen, für die es nicht ausreichend Kandidaten gibt. Der Personalengpass zeigt sich mehr als deutlich. Das Angebot an qualifizierten Arbeitskräften ist trotz anhaltender Massenarbeitslosigkeit bereits ausgedünnt, kurzfristige Lösungen sind nicht in Sicht. Aufgrund der demografischen Entwicklung wird es in den nächsten Jahren gut ein Viertel weniger verfügbare Arbeitskräfte im Alter zwischen 30 und 45 Jahren geben. Aktuell sind bereits 58 Prozent aller Beschäftigten über 40 Jahre alt.

Aus diesem Grund ist es für viele Unternehmen extrem wichtig, dem soziodemografischen Knick im Arbeitsmarkt mit einem aktiven Personalmarketing und einem entsprechenden Arbeitgeberimage zu begegnen. Im Unternehmensalltag werden diese Realitäten aber oft nur unzureichend wahrgenommen bzw. in Bezug auf das konkrete Handeln eher ausgeblendet.

Gesucht werden Mitarbeiter, die sowohl fähig als auch bereit sind, unter sich ständig verändernden Rahmenbedingungen Höchstleistungen zu bringen. Angesichts der Schere zwischen steigenden Anforderungen und dem Engpass beim Personalangebot wird es jedoch immer schwieriger, die passenden Bewerber zu finden. Beim Kampf um diese Mitarbeiter wird sich zwischen den Unternehmen das bestehende Ungleichgewicht der Waffen im Sinne von Ressourcenausstattung und Bekanntheitsgrad noch verschärfen.

Aufgrund der Globalisierung der Märkte lastet zudem ein hoher Wettbewerbs- und Veränderungsdruck auf den Unternehmen, der an die Mitarbeiter weitergegeben wird. Im Vorteil sind Unternehmen, deren Mitarbeiter die zunehmende Arbeitsdichte bewältigen, die steigenden Anforderungen an Kompetenz und Leistung erfüllen sowie das beschleunigte Tempo und die kürzeren Veränderungszyklen mitgehen können.

Die Mitarbeiterloyalität ist ausgesprochen viel wert, muss heute aber nicht mehr monetär erkauft werden. Ideale Indikatoren für diesen gesellschaftlichen Wertewandel sind die Grundeinstellungen von High Potentials. Bei der Jobsuche achten sie u. a. auf folgende Dinge:

Arbeitsklima,
Aufgabenspektrum,
Personalentwicklung,
Aufstiegsmöglichkeiten,
Work-Life-Balance.

Mehr und mehr setzt sich die Erkenntnis durch, dass Personalmarketing vielfältige Nutzenpotenziale eröffnet. Wenn es strategisch fundiert ist, entfaltet es positive Wirkungen entlang der ganzen HR-Wertschöpfungskette. Dabei ist es mehr als einleuchtend, dass sich diese Wertschöpfung unmittelbar und direkt auf den Unternehmenserfolg auswirkt. Der Mitarbeiter, seine Kompetenzen, sein Wissen und seine Fähigkeiten sind heute der entscheidende (Engpass)faktor.

Die marktorientierte Sicht

Bei sinnvoller Anwendung der Erkenntnisse aus dem Produkt- und Dienstleistungsmarketing ist an dem so genannten „Four-P-Modell", dem Marketingmix, nicht vorbeizukommen. Ein sinnvoller Variablenmix mit

Produktvariablen: Führungsleitbild, Mitarbeitergespräche etc.
Promotionsvariablen: Markenführung, Personalwerbung etc.
Plazierungsvariablen: Zielgruppenorientierung, Standort etc.
Preisvariablen: Gehaltssysteme, Sozialleistungen etc.

bewirkt die interne und externe Umsetzung von Zielen und Strategien und stellt damit die operative Seite des Personalmarketings dar. Seit einiger Zeit wird immer wieder versucht, eine definitorische Abgrenzung zwischen Personalmarketing und Employer Branding vorzunehmen. Getreu dem Werbespruch „Raider heißt jetzt Twix, sonst ändert sich nix", heißt beispielsweise der Arbeitskreis Personalmarketing (DAPM) seit 2011 Quality Employer Branding (QUEB).

Personalmarketing klingt eben altbacken, Employer Branding ist viel cooler und hipper. Nur, und das kann jeder Marketingprofi, egal ob Wissenschaftler oder Praktiker, bestätigen, Markenführung ist ein Instrument des strategischen Marketingansatzes und nicht umgekehrt. Personalmarketing hin und Employer Branding her. Entscheidend ist, dass sich Arbeitgeber attraktiv präsentieren und sich damit deutlich von anderen Unternehmen abheben. Im Zeitalter von Employer Branding wird dann von Employer Value Propostion gesprochen und Empfehlungsmarketing heißt heute Employee Branding, was immer das Gleiche meint, aber auch irgendwie wieder viel schicker klingt.

Die verschiedenen Teilaspekte oder auch Variablen des Personalmarketings werden in eine unternehmerisch-marktorientierte Systematik gebracht. Im Kern des Konzepts stehen die Kompetenzen der Mitarbeiter als entscheidender Wettbewerbsfaktor. Grundsätzlich ergeben sich demnach folgende Anforderungen an ein Personalmarketing:

- Frühzeitige Erkennung von relevanten Entwicklungen
- Positionierung und Pflege eines positiven Arbeitgeberimages
- Zielgruppenorientierung personalpolitischer Aktivitäten
- Dynamisierung und Flexibilisierung der Organisation
- Qualifizierung zur Bewältigung von Veränderungen
- Aufbau einer Arbeitgebermarke (Employer Branding)

Employer Branding als Markenführung innerhalb des Personalmarketings beinhaltet die Schaffung, Etablierung und Penetrierung einer Arbeitgebermarke. Eine starke Arbeitgebermarke kommuniziert klar und spezifisch die Kernwerte des Unternehmens durch einen prägnanten

Slogan, sie erzählt eine Story und erzeugt Bilder im Kopf der Zielgruppe, um die gewünschten Emotionen zu wecken.

Das Leistungsversprechen, die Inhalte und die Bilder der Arbeitgebermarke werden auf möglichst vielen, von der Zielgruppe genutzten Kommunikationskanälen wiederholt und gleichbleibend kommuniziert, so dass die Qualitäten des Unternehmens als Arbeitgeber im Bewusstsein der Zielgruppe verankert werden.

Eine erfolgreiche Arbeitgebermarke wirkt nicht nur nach außen, sondern auch nach innen: auf die Mitarbeiter. So kann die Schaffung einer Arbeitgebermarke die Leistungsfähigkeit des Unternehmens fördern und in einer Steigerung des Unternehmenserfolges resultieren. Ein erfolgreiches Unternehmen übt auf Bewerber eine starke Anziehungskraft aus.

Personalmarketing, Facebook & Co.

Wenn dann heute von Personalmarketing 2.0 gesprochen wird, sollte das Verständnis jedoch weitergehen als nur in Analogie zum Web 2.0 über die Veränderung des Media-Mixes nachzudenken und sich in Zukunft nur noch auf Likes auf Facebook, Blogs und Communities zu konzentrieren. Denn Studien belegen, dass in den Social Media Kanälen kaum wirkliche Meinungsbildung stattfindet. Meinungsbildend sind Gespräche mit Freunden und Bekannten.

Social Media bzw. Social Web sind in aller Munde. Doch was sind Social Media überhaupt? Und wie können Unternehmen davon profitieren? Im Vordergrund steht nicht die Präsentation des Unternehmens, sondern die Kommunikation mit anderen Nutzern mit dem Ziel soziale Netzwerke aufzubauen und zu pflegen. Kommunikation aufzubauen und zu pflegen bedeutet auch personelle und finanzielle Ressourcen bereitzustellen. Darüber sollte ein Unternehmen sich im Klaren sein, wenn es bei Facebook oder Twitter aktiv wird.

Mit fast 800 Millionen Nutzern weltweit und allein zwanzig Millionen Deutschen gehört Facebook zu den noch am schnellsten wachsenden Online-Netzwerken überhaupt. Google+ mit enormen Wachstumsraten und einem riesigen Daten-Pool ist Facebook dicht auf den Fersen. Aber auch XING mit der Zielgruppe Führungskräfte, LinkedIn mit der Zielgruppe Geschäftsleute sowie wer-kennt-wen, Lokalisten und Twitter repräsentieren ein gewaltiges Personalmarketing-Potenzial.

Es geht auch hier um einen ganzheitlichen Ansatz, der sich vor allem damit beschäftigen sollte, die Präferenzen der Mitarbeiter – und damit sind nicht nur die potenziellen, sondern auch die möglichen, aktuellen und ehemaligen Mitarbeiter gemeint – kennenzulernen und im Sinne einer positiven Meinung oder Entscheidung für das Unternehmen zu beeinflussen. Eine entscheidende Frage wird sein, wie man als Unternehmen einen zeitgemäßen Zugang zur Zielgruppe aufbaut und hält.

Die Ziele, Funktionen und Instrumente des Personalmarketings sind nicht immer neu. Sie stehen grundsätzlich aber in einem anderen Zusammenhang, werden anders kombiniert und immer prozessorientiert eingesetzt; neue Technologien wie insbesondere Web 2.0 eröffnen hierbei zum Teil neue oder geänderte Anwendungsbereiche. So verstanden eröffnet Personalmarketing neue Wege und Möglichkeiten bei einer grundlegenden Neuorientierung der personalwirtschaftlichen Prozesse. Das bedeutet auch, berechtigte Erwartungen der Mitarbeiter zu erfüllen. Nur so kann das Unternehmen auf motivierte, engagierte und unternehmerisch denkende Mitarbeiter zählen. Alle Aspekte zusammen fördern das personalpolitische Image des Unternehmens. Personalmarketing bietet also eine Reihe von direkt umsetzbaren und indirekt wirksamen Möglichkeiten. Aus vormals unabhängigen personalpolitischen Instrumenten werden durch deren Kombination völlig neue Sachverhalte geschaffen und neue Perspektiven eröffnet. Veraltete, behäbige und verkrustete Strukturen werden aufgebrochen.

Personalmarketing soll ein Unternehmen wettbewerbsfähiger machen. Wichtig ist, dass Personalmarketing letztendlich auch Abteilungs- oder Bereichsgrenzen überwindet und so Mitarbeiter aus allen Funktionsbereichen zusammenwirken. Schlagworte wie flache Hierarchien, Dezentralisierung, Veränderung von Größenordnungen und Prozessorientierung gehören auch im Kern zum Personalmarketing.

Der Wettbewerbsfaktor Kompetenz kann immer nur über die Mitarbeiter bewusst entwickelt und gefördert werden. Wer Kompetenzmanagement zum Ziel hat, braucht ein funktionsfähiges und ganzheitliches Personalmarketing und umgekehrt. Kompetenzerkennung und -entwicklung ist der einzige Weg zu anhaltendem Wachstum und Erfolg. Erfolgreiches Personalmarketing zeichnet sich u. a. dadurch aus, dass es

- dem Kompetenzmanagement eine Schlüsselfunktion zuweist
- die Personalentwicklung bedarfsorientiert gestaltet
- das Talentmanagement kommunikativ versteht
- das Personalcontrolling gut beherrscht
- die Mitarbeiterführung als dezentrale Aufgabe versteht

Commitment schaffen

Die Realisierung eines systematischen Personalmarketings bedarf eines gelebten Unternehmensleitbildes unter Berücksichtigung aller notwendigen Attraktivitätsfaktoren. Ziel ist es, eine Situation zu schaffen, in der das Unternehmen für seine Mitarbeiter jederzeit ein attraktiver Partner ist. Es darf einfach nicht gleichgültig sein, wie die Mitarbeiter für sich die folgenden Fragen beantworten:

Warum arbeite ich in diesem Unternehmen?
Wie werden meine Kompetenzen erkannt?
Was tue ich wozu in meiner Funktion?
Welche Bedeutung und welchen Wert hat meine Arbeit?
Wo sind für mich hier Entwicklungsmöglichkeiten?
Wie werde ich von meinem Chef gesehen?

Personalmarketing muss eine konkrete Antwort auf diese Fragen ermöglichen. Das Unternehmen personalmarketingorientiert zu betrachten, erfordert ein Umdenken hinsichtlich einer Vielzahl von Elementen des praktizierten Personalmanagements bis hin zur Behandlung von Reizthemen. „Commitment schaffen", lautet die Devise, das heißt, über die Einbindung der Mitarbeiter in Entscheidungsprozesse Identifikation mit dem Unternehmen und seinen Zielen zu vermitteln. Hier kann auch das geänderte Kommunikations- und Informationsverhalten durch Web 2.0 eine entscheidende Rolle spielen. Darüber hinaus muss sich die Kompetenz der Führung in konkreten Führungssituationen bewähren.

Ein erfolgreiches Unternehmen entwickelt die Kompetenzen unternehmerisch denkender, aufgeschlossener Mitarbeiter. Führungskräfte und Mitarbeiter müssen auch bereit sein, Neuerungen einzuführen und durchzusetzen. Selbstkontrolle statt Fremdkontrolle, flexible Arbeitszeiten und die Bildung von Projektteams sind nur einige Aspekte dieser Entwicklung. Erste Schritte auf diesem Wege sind:

- Die Schaffung offener Feedbacksysteme
- Die Etablierung von Projektteams
- Die Durchführung von Mitarbeiterhearings
- Die Honorierung von innovativen Ideen
- Die Chance der eigenen Höherqualifizierung
- Die Realisierung von Eigenverantwortung
- Individuelle Förder- und Karrierepläne

Personalmarketing ist also kein Selbstzweck, sondern ist die Grundlage der strategischen Ausrichtung des Unternehmens. Im Innenverhältnis spielt das Personalmarketing eine ähnliche Rolle wie im Außenverhältnis zum Kunden. Auch und gerade die Mitarbeiter werden wie Kunden wahrgenommen und behandelt. Ausgehend von diesem Gedanken ist Personalmarketing nicht nur Funktion und Institution, sondern vor allem Idee, Konzept und Politik und damit eine das ganze Unternehmen durchdringende Denk- und Geisteshaltung.

Personalmarketing ist Chefsache. Denn Bewerber und Mitarbeiter für das Unternehmen zu begeistern, ist primär eine Aufgabe der Führungskräfte. Erinnern wir uns daran, dass Mitarbeiter, die kündigen, in erster Linie ihren direkten Vorgesetzten verlassen. Wie, wenn nicht durch gute Führung, stellt sich das Unternehmen als attraktiver Arbeitgeber dar?

Führungsleitlinien:
Von Werten leiten lassen

*„In dir muss brennen,
was du in anderen entzünden willst."*
(Heiliger Augustinus)

Führungskräfte beeinflussen durch ihr Verhalten maßgeblich, wie stark sich Mitarbeiter mit ihrem Arbeitgeber und ihren Aufgaben identifizieren. Denn sie prägen die Prozesse in ihrem Bereich und somit auch die Form der Kommunikation und Zusammenarbeit. Sie bestimmen durch ihr Feedback, an welchen Werten und Zielen ihre Mitarbeiter ihr Verhalten orientieren und wie engagiert sie ihre Arbeit verrichten.

Wenn die Strategie des Unternehmens steht und die Unternehmensziele formuliert sind, dann ist es erforderlich, dass Führungskräfte ihr Verhalten reflektieren. Deshalb ist es notwendig, die grundlegenden Werte, die für das Führungsverhalten relevant sind, in Führungsleitlinien zu fassen. In diesen Leitlinien wird der grundsätzliche Führungsanspruch beschrieben und die Zusammenarbeit mit den Mitarbeitern geregelt.

So kann der Führungsanspruch beispielsweise lauten: „Wir wollen das beste Führungsteam der Branche stellen!" Dieser Anspruch spiegelt sich in den folgenden Leitlinien konsequent wieder.

Partnerschaftliche Zusammenarbeit: „Vertrauen und Fairness"

Die Führungskräfte und Mitarbeiter verfolgen ein gemeinsames Ziel: langfristig einen Mehrwert für das Unternehmen zu schaffen, indem sie partnerschaftlich zusammenarbeiten und das soziale Engagement des Unternehmens fördern. Diese Zusammenarbeit zeichnet sich durch Integrität, einen respektvollen und vertrauensvollen Umgang miteinander sowie durch Offenheit und Fairness aus.

Unser gemeinsames Ziel ist ein langfristiges, am Ergebnis orientiertes Wachstum. Denn nur ein nachhaltig erfolgreiches Unternehmen dient den Interessen der Kunden, der Mitarbeiter, der Eigentümer und nicht zuletzt dem gesellschaftlichen Umfeld.

Unser Handeln ist frei von persönlichen Interessen oder Beziehungen und orientiert sich ausschließlich am Erfolg des Unternehmens. Integrität, Offenheit, Ehrlichkeit und Berechenbarkeit sind die Grundlage unseres Handelns.

Wir arbeiten teamorientiert, diskriminieren niemanden und respektieren die Würde und Privatsphäre. Meinungen und Ideen anderer stehen wir aufgeschlossen gegenüber. Wir achten die Persönlichkeit und die Leistungen anderer sowie die kulturelle Vielfalt in unserem Unternehmen.

Wir handeln nach den gesetzlichen Bestimmungen und achten die verschiedenen Kulturen, Menschen und Institutionen der Länder, in denen wir tätig sind. Wir bekennen uns zu einer fairen und partnerschaftlichen Zusammenarbeit mit den Interessenvertretern unserer Mitarbeiter.

Ergebnisorientierung: „Besser sein als andere – Maßstäbe setzen"

Unser Ziel ist es, innerhalb der Branche die Benchmark in operativer Leistung zu sein. Deshalb haben bei der Führung des Unternehmens ganzheitliche Effizienz, exzellente Kundenorientierung, nachhaltige Profitabilität und ertragsorientiertes Wachstum sowie eine leistungs- und ergebnisorientierte Unternehmenskultur absolute Priorität.

Effizienzsteigerung und Kundenorientierung sowie Kosten- und Ergebnisorientierung sind für uns von besonderer Wichtigkeit.

Ergebnisorientierung bedeutet für uns, das zu tun, was kurzfristig notwendig ist, um heute konkurrenzfähig und profitabel zu sein und gleichzeitig Chancen zu nutzen, welche die Wettbewerbsfähigkeit des Unternehmens langfristig sichern.

Wir bewerten unsere eigene Leistung streng und suchen intern und extern den Vergleich mit den Besten. Wir zeichnen uns durch klare und schnelle, wenn nötig auch unangenehme Entscheidungen aus. Wir setzen diese schnell und konsequent um.

Im Rahmen des Zielvereinbarungsprozesses definieren wir klare Ziele und dokumentieren diese. Wir ermutigen unsere Mitarbeiter, eigene

Ideen einzubringen und Verbesserungspotenziale aufzuzeigen. Wir legen die Verantwortung eindeutig fest, lassen Spielraum bei der Umsetzung, überprüfen aber konsequent die Zielerfüllung.

Kundenorientierung: „Größtmöglicher Nutzen für den Kunden"

In einem anspruchsvollen Markt müssen wir das Vertrauen in unsere Produkte und Dienstleistungen immer wieder neu gewinnen, Kunde für Kunde, Projekt um Projekt, Tag für Tag.

Unser Ziel ist eine langfristige, von überzeugender Qualität, Zuverlässigkeit, Fairness und Integrität geprägte Kundenbeziehung.

Wir haben den internen und externen Kunden stets im Fokus. Deshalb richtet sich unser Denken und Handeln mit allen unseren Leistungen nach den Anforderungen unserer Kunden.

Wir nehmen alle Beanstandungen ernst und gehen auf die Anregungen der Kunden ein. Durch die Nähe zu unseren Kunden ist es uns möglich, vorausschauend zu handeln und uns auf deren Bedürfnisse rechtzeitig einzustellen.

Der Erfolg unserer Kunden ist auch unser Erfolg.

Wegen unserer sach- und fachkundigen Beratung werden wir von unseren Kunden als kompetenter Ansprechpartner geschätzt.

Nachhaltige Entwicklung: „Verantwortung übernehmen"

Nachhaltigkeit bedeutet für uns, soziale Verantwortung zu übernehmen. Wir sorgen auch für ein gesundes Arbeitsumfeld und streben nach stetigen Verbesserungen im Bereich des Umweltschutzes.

Unser Engagement für Gesundheit am Arbeitsplatz ist wichtiger Bestandteil unserer gesamten unternehmerischen Tätigkeit. Wir sind ständig bestrebt, das betriebliche Gesundheitsmanagement zu verbessern.

Umweltschutz ist für uns von zentraler Bedeutung. Nur wenn es uns gelingt, Rohstoffe zu sichern und sorgsam mit ihnen umzugehen, können wir unseren eigenen Bedarf und den zukünftiger Generationen decken.

Wir arbeiten kontinuierlich daran, die Nutzung fossiler Brennstoffe zu reduzieren. Unser Ziel ist es, einen positiven Umweltbeitrag zu leisten.

Wir pflegen und fördern gute Beziehungen im gesellschaftlichen Umfeld und tragen zur Wertschöpfung vor Ort bei. Wir sind uns unserer gesellschaftlichen Verantwortung bewusst und unterstützen soziale Projekte.

Vorbild: „Beispiel sein"

Vertrauen ist die Basis für Engagement und Erfolg. Unsere Führungskräfte erfüllen eine Vorbildfunktion durch ihre Führungs-, Management- und Coachingqualitäten und ihr persönliches Verhalten.

Als Vorbild leben wir unsere Unternehmenswerte vor. Unser Reden und Handeln stehen stets im Einklang miteinander. Wir verhalten uns auch in schwierigen Situationen besonnen und authentisch.

Wir stellen höhere Anforderungen an uns selbst als an unsere Mitarbeiter. Wir überzeugen durch unseren persönlichen Einsatz und unsere Leistungsbereitschaft.

Wir behandeln unsere Mitarbeiter nach gleichen Maßstäben und bevorzugen niemanden aufgrund persönlicher Präferenzen.

Veränderungsbereitschaft ist für uns selbstverständlich. Wir lernen aus Fehlern und Erfahrungen und nutzen das Ergebnis unseres eigenen Feedbacks, um uns weiterzuentwickeln. Fachliche und räumliche Veränderung sehen wir als Chance für unsere berufliche und persönliche Weiterentwicklung.

Kommunikation und Information: „Transparenz schaffen"

Erfolgreiche, aktive und vertrauensvolle Zusammenarbeit setzt zeitnahe und umfassende Kommunikation und Information voraus.

Für eine wirksame Kommunikation ist es notwendig, Informationen sowohl rechtzeitig zur Verfügung zu stellen als auch einzufordern.

Wir praktizieren einen offenen Informationsaustausch innerhalb der gesamten Organisation, um Kompetenzmanagement, Benchmarking, Wissenstransfer sowie den Austausch von „Best Practices" zu fördern.

Wir kommunizieren klar, sachlich, leicht verständlich und wo erforderlich auch in Schriftform.

Wir führen regelmäßig Mitarbeiterbesprechungen zur gegenseitigen und zeitnahen Information und Koordination der Aktivitäten und Abläufe durch. Dabei heben wir den Beitrag des Einzelnen bzw. des Teams zur Erreichung der Unternehmensziele hervor.

Wir informieren regelmäßig und umfassend über die Unternehmensziele sowie rechtzeitig über organisatorische und personelle Veränderungen, die sich auf die Arbeit unserer Mitarbeiter auswirken.

Leistungsbereitschaft: „Sich und andere begeistern"

Nur mit engagierten Mitarbeitern, die bereit sind, sich für ihre Aufgaben und für die Ziele des Unternehmens voll einzusetzen, können wir auf Dauer erfolgreich und wettbewerbsfähig sein. Der Einsatz und die Verantwortungsbereitschaft jedes Einzelnen sind daher von wesentlicher Bedeutung.

Wir leben die Unternehmenswerte und Leitlinien aktiv vor und erzeugen so eine Leistungs- und Ergebniskultur, die zum Erfolg des Unternehmens und der Mitarbeiter führt.

Ein regelmäßiger, offener und kreativer Gedankenaustausch ist ein wesentliches Instrument, um die Motivation der Mitarbeiter zu stimulieren. Jeder Mitarbeiter wird gezielt nach seinen Stärken, Kenntnissen und Fähigkeiten eingesetzt. Wir geben Vertrauen und Sicherheit und motivieren, indem wir Leistungen und Ergebnisse anerkennen.

Wir stärken die Eigenverantwortung der Mitarbeiter, indem wir anspruchsvolle Aufgaben delegieren und sie in Entscheidungsprozesse einbeziehen.

Personalentwicklung: „Fordern und fördern"

Wir bauen auf engagierte und qualifizierte Mitarbeiter und auf eine exzellente Führungsmannschaft. Menschen wachsen mit ihren Aufgaben. Personalentwicklung heißt deshalb nicht nur fordern, sondern vor allem fördern.

Wir unterstützen ihre Entwicklung, indem wir sie ständig mit anspruchsvollen Aufgaben vor neue Herausforderungen stellen und sie bei der Erfüllung ihrer Aufgaben unterstützen und führen. Dabei kommt es darauf an, vorhandene Stärken zu nutzen.

Durch eine bedarfsorientierte Personalentwicklung schaffen wir die Basis für eine nachhaltige Nachfolgeplanung. Die Besetzung von Positionen erfolgt, wo immer möglich, aus den eigenen Reihen. Dies geschieht ausschließlich auf der Basis von Fähigkeiten, Leistungen und Ergebnissen.

Wir begeistern unsere Mitarbeiter und unterstützen sie dabei, hohen Erwartungen zu entsprechen sowie hohe Standards und anspruchsvolle Ziele zu erreichen.

Wir vereinbaren und dokumentieren gemeinsam mit unseren Mitarbeitern auch auf ihre Erwartungen abgestimmte Maßnahmen der Personalentwicklung. Dabei nutzen wir vorrangig unser internes Aus- und Weiterbildungsprogramm. Wir kontrollieren den Transfererfolg der Personalentwicklungsmaßnahmen.

Feedback: „Entwicklung und Leistung durch Feedback"

Unser Erfolg hängt von der Kompetenz, den Leistungen und den Ergebnissen der Mitarbeiter ab. Daher geben Führungskräfte ihren Mitarbeitern regelmäßig Feedback.

Wir führen mindestens einmal jährlich das institutionalisierte Mitarbeitergespräch. Wir informieren unsere Mitarbeiter, nach welchen Kriterien und Maßstäben ihr Wissen, ihre Leistungen und ihre Ergebnisse eingeschätzt werden. Wir stellen uns selbst sachlicher Kritik und lassen uns an den Führungsleitlinien messen.

Zusätzlich geben wir regelmäßig und zeitnah ein offenes und faires Feedback. Wir erkennen gute Arbeit an und würdigen Erfolge. Wir sprechen Abweichungen direkt an und nutzen die Chance, dass alle Beteiligten daraus lernen.

Wir helfen, schlechte Ergebnisse zu korrigieren. Dabei geben wir Sicherheit und Rückhalt, ziehen aber auch entschieden faire und angemessene Konsequenzen, wenn es nötig ist.

Aktives Zuhören, die Einbindung der Beteiligten und Sachlichkeit sind für uns Mittel, um Konflikte frühzeitig zu lösen. Wir stellen sicher, dass Kritik in unvoreingenommener und gründlicher Weise nachgegangen wird. Wir reagieren umgehend, und geben allen Beteiligten Feedback.

Eigentümer, Geschäftsleitung und alle Führungskräfte haben sich persönlich und verbindlich verpflichtet, diese Leitlininen konsequent umzusetzen und zu leben.

Mitarbeitergespräche:
Führen heißt, Gespräche führen

> *„Führen heißt wissen,*
> *was man will."*
> *(Thomas Ellwein)*

Mitarbeitergespräche sind eine besondere Chance, jedem Mitarbeiter eine persönliche Wertschätzung entgegen zu bringen. Sie tragen damit entscheidend zur Motivation und Loyalität bei.

Mitarbeitergespräche lassen sich in institutionalisierte (periodische) und anlassbezogene (a-periodische) Gespräche unterscheiden. Institutionalisierte Mitarbeitergespräche sind als Führungsinstrument periodisch wiederkehrend. Anlassbezogene (a-periodische) Mitarbeitergespräche stehen immer im Zusammenhang mit einer aktuellen Situation. Anlassbezogene Mitarbeitergespräche können sowohl durch die Führungskraft als auch durch einen Mitarbeiter initiiert werden.

Letztendlich gibt es beim Mitarbeiter-Gesprächs-Mix vielfältige Kombinationsmöglichkeiten. Die Gesamtpalette reicht von A bis Z. Hier einige der wichtigsten Gesprächsformen:

Anerkennungsgespräche bieten die Möglichkeit, besonderes Verhalten oder hervorragende Leistungen ausdrücklich zu würdigen. Durch gezielte Anerkennung und Wertschätzung fühlen sich Mitarbeiter beachtet und akzeptiert. Anerkennung und Wertschätzung verstärken positives Verhalten und herausragende Leistungen. Wenn der Anlass dazu gegeben ist, dann sollten Sie dem Mitarbeiter Anerkennung zollen. Verfahren Sie nicht nach der Devise „Nicht kritisiert ist genug gelobt."

Exitgespräche werden mit ausscheidenden Mitarbeitern geführt. Ein Exitgespräch ermöglichst es, Details und Gründe für die Kündigung eines Mitarbeiters zu erfahren, um zukünftig rechtzeitig Gegenmaßnahmen treffen zu können. So haben Sie die Chance, innerer Kündigung und Fluktuation wirksam entgegen zu wirken.

Fördergespräche dienen dem Abgleich der Selbsteinschätzung des Mitarbeiters und seiner Fremdeinschätzung durch die Führungskraft. Aus dem Fördergespräch heraus werden insbesondere Maßnahmen der Personal- und Organisationsentwicklung abgeleitet.

Kritikgespräche werden geführt, wenn ein Mitarbeiter die Leistungsanforderungen nicht wie erwartet und besprochen erfüllt. Kritikgespräche dienen zur Korrektur unerwünschten Verhaltens. Sie sind sehr nah am Zeitpunkt des beobachteten Verhaltens zu führen. Äußern Sie die Kritik ausnahmslos nur unter vier Augen.

Konfliktgespräche haben den Zweck bereits bestehende oder latent vorhandene Konflikte zu analysieren und dann einer möglichst konstruktiven Lösung zuzuführen. Ergreifen Sie als Führungskraft bei Konflikten nicht Partei, sondern treten Sie als Moderator oder Mediator auf.

Rückkehrgespäche dienen der gezielten Wiedereingliederung nach längerer Krankheit. Rückkehrgespräche im Rahmen des betrieblichen Gesundheitsmanagements zielen auf die Reduktion von Fehlzeiten und eine Verbesserung der Gesundheitsquote ab.

Zielgespräche sind dafür vorgesehen, periodische Ziele und Maßnahmen mit dem Mitarbeiter systematisch zu vereinbaren, welche sowohl der Erreichung der Unternehmensziele als auch der persönlichen Weiterentwicklung des Mitarbeiters dienen.

Kommunikation ist das A und O einer guten Führung. Dabei ist das tägliche Gespräch „zwischen Tür und Angel", in der Kaffeepause oder in der Teamsitzung genauso wichtig wie ein Mitarbeitergespräch. Mitarbeitergespräche unterscheiden sich jedoch von zufälligen Gesprächen.

Ein Mitarbeitergespräch zu führen, ist eine nicht delegierbare Führungsaufgabe. Gut geführte Mitarbeitergespräche verbessern die Kommunikation und die Zusammenarbeit und tragen entscheidend zur Mitarbeiterloyalität bei.

Dabei ist eine intensive Vorbereitung 80 Prozent des Gesprächserfolges. Die Erfahrung zeigt allerdings, dass die Vorbereitung sowie die Einstimmung auf ein Führungsgespräch oft zeitlich unterschätzt werden und vielfach nicht den Stellenwert erhalten, der notwendig ist. Auf den folgenden Seiten erhalten Sie in einer Art „Trainingsprogramm" konkrete Tipps und Anregungen, wie Sie Ihre Gesprächsvorbereitung und -durchführung professionalisieren können.

Mental und inhaltlich fit

Legen Sie sich in jedem Fall ein paar passende Beispiele zurecht. Beispiele machen selbst komplizierte Zusammenhänge verständlich. Und sie steigern die Überzeugungskraft. Stimmen Sie sich mental ein. Der Kick macht Sie hellwach und Ihre Performance steigt. Trinken Sie Wasser und lächeln Sie.

Betrachten Sie den laufenden Gesprächsprozess mit Abstand, gehen Sie also quasi auf eine Metaebene. Fragen Sie sich öfter mal: „Was passiert hier gerade?", um die Kontrolle über das Geschehen zu behalten, um eventuell überschäumende Emotionen zu bändigen und den erfolgreichen Ausgang zu steuern. Halten Sie jederzeit das „Große Ganze" im Blickfeld. Dies hilft Ihnen auch bei der am Ende so wichtigen ehrlichen Selbstreflexion: „Wie war ich, was lief besonders gut, welche neuen Erkenntnisse habe ich gewonnen und was will ich beim nächsten Mal besser machen?"

Ihre Körperhaltung ist verantwortlich für das Selbstbewusstsein, dass Sie ausstrahlen. Nehmen Sie eine dominante Haltung ein: den Körper strecken, Schultern zurück, Becken gerade. Und am Scheitelpunkt des Kopfes denken Sie sich einen Faden, der Sie nach oben zieht. Achten Sie darauf, dass das Kinn unten bleibt, damit Sie nicht hochnäsig wirken.

Ihre Gestik unterstreicht das Gesagte. Variieren Sie die Dynamik Ihrer Gesten so, wie Sie auch die Tonalität verändern. Vermeiden Sie jede Hektik. Ihre Hände sind beim Gestikulieren offen und bei Gesprächen im Sitzen immer auf dem Tisch. Legen Sie alle Schreibgeräte nach dem Schreiben sofort wieder ab, sie wirken sonst als Waffe. Achten Sie auf ein angemessenes Distanzverhalten. Und: Legen Sie sich einen festen Händedruck zu!

Die Mimik ist die Sprache Ihres Gesichts. Sie sagt oft mehr als tausend Worte. Entspannen Sie immer mal wieder Ihr Gesicht und Ihre Nackenmuskeln. Und lächeln Sie – auch mit den Augen! Die Augen sind der Spiegel unserer Seele – sie sollten vor Begeisterung strahlen! Und: Arbeiten Sie mit der Nicktechnik, das heißt: Unterstützen Sie wichtige Aussagen mit einem freundlichen Kopfnicken.

Ihre Stimme ist verantwortlich für die Stimmung, die Sie verbreiten: Klingt sie fest und zuversichtlich, zeugt sie von bester Laune? Lernen Sie, im Brustton der Überzeugung zu sprechen. Dabei benutzen Sie den Brustraum als Resonanzkörper. Lernen Sie, in den Bauch zu atmen, damit Sie nicht kurzatmig und damit unsicher wirken. Die Tonalität in Ihrer Stimme macht es spannend, Ihnen zuzuhören: Reden Sie mal lauter, mal leiser, mal schneller, mal langsamer. Legen Sie ab und an etwas Emotionalität in Ihre Stimme, machen Sie rhetorische Pausen.

Die 5-W-Gesprächsführung

1. Wertschätzungsphase: Schon Ihre freundliche Stimme bei der Begrüßung mit Sympathiebonus durch Namensnennung vermittelt dem Mitarbeiter ein positives Gefühl. Nehmen Sie den Begriff Wertschätzung des Mitarbeiters wirklich ernst. Benutzen Sie individuell vorbereitete Einhebelideen, die dem Mitarbeiter zeigen, dass Sie professionell auf seine Situation eingehen wollen. Ersetzen Sie Ich-Formulierungen möglichst durch den Sie-Standpunkt. Überfallen Sie den Mitarbeiter nicht mit einem Wortschwall und ausführlichen Erklärungen.

- Grundvoraussetzung eines jeden Gespräches ist Höflichkeit.
- Begegnen Sie Ihrem Mitarbeiter ohne persönliche Wertung.
- Gehen Sie auf Ihren Mitarbeiter zu und begrüßen Sie ihn freundlich.
- Danken Sie ihm für sein Kommen.
- Setzen Sie sich mit Ihrem Mitarbeiter an einen geeigneten Tisch.
- Unterstreichen Sie die Bedeutsamkeit des Gespräches.
- Sorgen Sie für ein offenes und positives Gesprächsklima.
- Stellen Sie einen persönlichen Kontakt her.
- Umreißen Sie den Gesprächsanlass und erörtern Sie die Ziele.
- Erklären Sie, wie Sie das Gespräch gestalten wollen.
- Nennen Sie den Zeitrahmen für das Gespräch.

2. Wahrnehmungsphase: Nehmen Sie bewusst das Klima, die Stimmung und die Atmosphäre des Gesprächs wahr. Zeigt Ihnen der Mitarbeiter durch verbale oder nonverbale Signale, dass er bereit ist, offen zu kommunizieren? In der Wahrnehmungsphase soll dem Mitarbeiter die Gelegenheit gegeben werden, seine Erwartungen zu formulieren. Sehr wichtig ist, die Fragetechnik einzusetzen, den Mitarbeiter ausreden zu lassen und auch aktiv und konzentriert zuzuhören.

- Geben Sie dem Mitarbeiter Gelegenheit, seine Sicht darzustellen.
- Machen Sie sich Notizen und unterbrechen Sie den Mitarbeiter nicht.
- Fragen Sie nach, wenn Ihnen etwas unklar ist.
- Geben Sie Ihrem Mitarbeiter die Möglichkeit, sich frei zu äußern.
- Akzeptieren Sie auch die Emotionalität des Mitarbeiters.
- Sorgen Sie lediglich dafür, dass Gefühle nicht verletzt werden.
- Bewerten Sie seine Äußerungen nicht.

3. *Wirkungsphase:* Die Wirkungsphase sollte die individuellen Anforderungen und Besonderheiten berücksichtigen. Vermitteln Sie dem Mitarbeiter das Gefühl von Vertrauen und Kompetenz. Setzen Sie Ihre persönliche Wirksamkeit bewusst in Szene. Diese besteht vor allem in der Überzeugung, dass Sie Wichtiges zu sagen haben. Sie müssen voll hinter dem stehen, was Sie dem Mitarbeiter präsentieren. Diese mentale Einstellung wirkt sich entscheidend auf Ihre Körpersprache, Ihre Sprache und Ihr Sprechen aus.

- Stellen Sie Ihre eigene Sichtweise dar.
- Nennen Sie Ihre Gründe für Ihre Entscheidungen.
- Benennen Sie konkrete Beispiele und Ihre Einschätzung dazu.
- Hören Sie sich die Meinung des Mitarbeiters an.

- Bestätigen oder korrigieren Sie den Standpunkt Ihres Mitarbeiters.
- Haken Sie nach, wenn Ihnen etwas unklar ist.

4. *Wasphase:* Gerade bei ausführlichen Mitarbeitergesprächen ist eine zwischenzeitliche Teilbeschlusstaktik und eine strukturierende Zusammenfassung als Vorbereitung des Gesprächsabschlusses erforderlich. Sagen Sie dem Mitarbeiter deutlich, WAS Sie von ihm erwarten.

- Nennen Sie Ihre konkreten Erwartungen.
- Erarbeiten Sie gemeinsam eine Vorgehensweise.
- Nehmen Sie klar Stellung zur Ihren Erwartungen.
- Verlieren Sie das Gesprächsziel nicht aus den Augen.
- Stellen Sie fest, ob Ihre Botschaft richtig angekommen ist.

5. *Wirklichkeitsphase:* In der Wirklichkeitsphase wird endgültig „der Sack zugemacht". Es werden Zahlen, Daten und Fakten sowie die weiteren Schritte vereinbart. Der Mitarbeiter muss mit dem Gefühl der Zufriedenheit - besser mit dem Gefühl der Begeisterung - aus dem Gespräch gehen. Damit werden auch positive Impulse auf das Leistungsvermögen ausgeübt.

- Fassen Sie die wichtigsten Punkte zusammen.
- Erörtern Sie noch einmal die Kompromisse und Differenzen.
- Besiegeln Sie Vereinbarungen mit Handschlag.
- Bedanken Sie sich für die Bereitschaft, sich engagiert einzusetzen.
- Ermutigen Sie nach geübter Kritik durch einen positiven Abschluss.

- Halten Sie die Ergebnisse schriftlich fest.
- Veranlassen Sie die weiteren Schritte.

Tabus bei Mitarbeitergesprächen

Ganz sicher wollen Sie mit Ihren Mitarbeitern konstruktiv zusammenarbeiten, so dass die vereinbarten Ziele erreicht werden. Sie brauchen dafür Engagement, Motivation und gute Laune im Team. Kommunikation ist einer der Grundpfeiler erfolgreicher Führungsarbeit. Ein entscheidender Faktor dafür ist Ihre Art der Kommunikation. Führungskräfte stehen im Mittelpunkt der Aufmerksamkeit. Was sie sagen, wird von den Mitarbeitern oft sehr viel intensiver aufgenommen, als die Führungskräfte selber ahnen. Manch spontane Äußerung, mancher gedankenloser Satz kann lange nachwirken und große Schäden bei Motivation und Leistungsklima anrichten.

Stärken Sie im Mitarbeitergespräch und der täglichen Kommunikation die Motivation Ihrer Mitarbeiter. Motivierte Mitarbeiter trauen sich etwas zu. Sie glauben an die Erfolgschance auch bei knappen Ressourcen, engen Terminen und hoch gesteckten Zielen.

Mit Aussagen wie den folgenden schaffen Sie Demotivation:

- Das wird uns so nicht gelingen.
- Ich bin selbst mit Arbeit total zu.
- Das müssen Sie schon selbst machen.

- Uns fehlen einfach die Leute.
- Uns fehlen die Ressourcen.
- Ich verstehe die Klagen.
- Das reicht einfach nicht.
- Wir sind zu schlecht aufgestellt.

Ihre Mitarbeiter hören aus solchen Sätzen heraus, dass Sie nicht an den gemeinsamen Erfolg glauben. Wozu sich noch anstrengen, wenn man dadurch nur noch graduell die Ausmaße des sicheren Scheiterns verändern kann? Machen Sie unbedingt konkrete Vorschläge, geben Sie Anweisungen, wie ab sofort die Sache angepackt werden soll.

Als Führungskraft sollten Sie zudem das Teamklima positiv beeinflussen. Ihre Mitarbeiter achten sehr genau darauf, ob Ihre Kommunikation etwas darüber verrät, dass Sie Favoriten im Team haben oder Mitarbeiter, die Sie nicht mögen. Wer sich von Ihnen als Führungskraft im Vergleich zu den Kollegen weniger geschätzt fühlt, verliert die Motivation.

Mit Aussagen wie den folgenden schaffen Sie ein negatives Teamklima:

- Nehmen Sie sich ein Beispiel an Herrn Schnell.
- Wieso haben die anderen das verstanden und Sie immer noch nicht?
- Ich kann Sie nicht unterstützen. Da sind erst einmal andere dran.
- Der Innendienst hat sich auch schon über Sie beschwert.

Auch wenn es Ihnen selbst einmal nicht so gut geht: Ihre Mitarbeiter brauchen Sie als Vorbild. Es würde ihnen Sorgen machen, wenn sie den Eindruck hätten: „Unsere Führungskraft hat es nicht im Griff". Übernehmen Sie Ihre Verantwortung als Führungskraft.

Mit Aussagen wie den folgenden stellen Sie Ihre Kompetenz in Frage:

- Ich habe keine Vorstellung, wie wir jetzt vorgehen sollen.
- Ich bin da nicht richtig informiert.
- Ich habe keine Lust mehr.
- Wenn das hier so weitergeht, schmeiße ich alles hin.
- Ich schaffe das nicht mehr.
- Ich habe weder die Zeit noch die Nerven dafür.

Egal, wie knüppeldick es kommt, von ihrer Führungskraft erwarten die Mitarbeiter, dass ihr immer noch etwas einfällt, wie eine schwierige Situation gemeistert werden kann! Empfinden Sie die Situation für sich persönlich als ausweglos, sollten Sie sich externe Unterstützung bei einem professionellen Führungskräftecoach holen. Mit einem Dritten können Sie offen über Ihre Situation sprechen.

Nutzen Sie das Mitarbeitergespräch auch zur Stärkung der Loyalität. Die Loyalität zum Unternehmen ist ein wichtiger Motivator. Wertschätzung und Anerkennung motivieren jeden Mitarbeiter. Die Mitarbeiter strengen sich für das an, was ihnen persönliche Anerkennung einbringt. Wenn Sie ungeliebte Aufgaben zu vergeben oder unpopuläre Entscheidungen durchzusetzen haben, ist Loyalität der entscheidende Faktor.

Mit Aussagen wie den folgenden fördern Sie Illoyalität:

- Der Fisch stinkt vom Kopf her.
- Das kommt wie immer von oben.
- Das haben die Herren am grünen Tisch beschlossen.
- In diesem Laden funktioniert nur eines, der Bürokratismus.
- Hier haben die Falschen das Ruder in der Hand.

Ihre Mitarbeiter hören aus solchen Sätzen heraus, dass Sie selbst nicht mehr loyal zum Unternehmen stehen. Wer Sie mag, wird sich Ihrer Haltung anschließen und ebenfalls mäkeln. Wer zu Ihnen eine Distanz hat, denkt darüber nach, ob wohl Ihre Tage im Unternehmen gezählt sind. Versuchen Sie immer loyal, aber auch authentisch zu bleiben. Im Einzelfall kann es besser sein, eine Situation sachlich offen anzusprechen.

Sie brauchen ein kreatives Team, das sich in neue Techniken und veränderte Aufgaben einarbeitet. Sie wollen, dass Mitarbeiter aus Fehlern lernen und sich stetig zu verbessern suchen. Außerdem wollen Sie, dass Ihre Mitarbeiter Kritik nicht als persönlichen Angriff erleben, sondern als Ansporn, an sich zu arbeiten.

Mit Aussagen wie den folgenden riskieren Sie Verweigerungshaltung:

- Ein wenig mitdenken sollten Sie schon.
- Wie oft soll ich Ihnen das noch erläutern?
- Sie können so etwas nicht.

- Sie haben den Auftrag schon wieder nicht gebracht.
- Jetzt versuchen Sie das noch einmal, aber ohne Handbremse.

Ihre Mitarbeiter hören aus solchen Sätzen eine tiefe Missachtung heraus. Mitarbeiter mit wenig Selbstbewusstsein verlieren den Glauben an ihre eigenen Fähigkeiten. Sie trauen sich nichts mehr zu und geben auf. Mitarbeiter mit hohem Selbstbewusstsein lassen sich durch diese Art der Kommunikation nicht in Selbstzweifel stürzen. Sie sind empört. Sie nehmen an, dass die Führungskraft etwas gegen sie hat. Wer kann, sucht nach Wegen, das Unternehmen zu verlassen. Wer nicht wechseln kann, zieht sich in die innere Kündigung zurück.

Mitarbeiterbefragungen:
Fragen stellen kann doch jeder

*"Bevor jemand geht,
ist er meist schon längere Zeit weg."*
(Hermann Simon)

Fragen stellen kann doch jeder. Also wird schnell ein Fragebogen zusammengestrickt und ohne größere Vorbereitung an die Mitarbeiter verteilt. Die Ergebnisse solcher Befragungen sind oft sehr frustrierend. Abgesehen von einer erschreckend niedrigen Rücklaufquote bemerkt man oft erst bei der Auswertung, dass wichtige Fragen gar nicht enthalten sind oder dass viele Fragen offen geblieben sind. Meist wird auch noch lediglich das Ausmaß der Zufriedenheit gemessen, nicht jedoch, wo die besten Ansatzpunkte zur Steigerung der Mitarbeiterzufriedenheit sind. Im Endeffekt ist der Erkenntnisgewinn dann gleich null.

Immer wenn Rationalisierungspotenziale ausgeschöpft sind und die Technik auf dem neuesten Stand ist, besinnen sich die Unternehmer auf die Mitarbeiter als Informationsquelle. Frei nach dem Motto „Fragen stellen kann doch jeder" wird dann mal eben eine Mitarbeiterbefragung durchgeführt. Erschreckend ist dabei, dass es selten wirklich systematische Überlegungen zur empirisch zuverlässigen Messung der Mitarbeiterzufriedenheit oder gar zur Integration von modernen Führungskonzepten oder -instrumenten gibt. Und dass, obwohl Mitarbeiterbefragungen ein wichtiger Bestandteil der strategischen Führung sind.

Erwartung versus Leistung

Die Erwartungen der Mitarbeiter an die Arbeits- und Führungssituation (Wichtigkeit) und die jeweilige Wahrnehmung durch die Mitarbeiter (Zufriedenheit) sind die zentralen Erfolgsfaktoren der Mitarbeiterorientierung und Mitarbeiterzufriedenheit. Jedenfalls dann, wenn man nicht nur das Ausmaß der Zufriedenheit messen will, sondern auch erfahren möchte, warum Mitarbeiter sich mit dem Unternehmen identifizieren und im Unternehmen bleiben und wo andererseits wirklich akuter Verbesserungsbedarf besteht.

Zu verstehen, was der Mitarbeiter als Führungsverhalten und Führungskultur nun tatsächlich wahrnimmt, ist in diesem Zusammenhang und natürlich für die Attraktivität des Unternehmens als Arbeitgeber von entscheidender und grundlegender Bedeutung. Nicht die absolute Zufriedenheit, die im übrigen gar nicht messbar ist, sondern die relative Zufriedenheit ist die entscheidende und interessante Größe.

Der Handlungsbedarf einzelner Leistungsaspekte wird dann mit Hilfe der Abweichungsanalyse (GAP-Analyse) ermittelt, indem Wichtigkeit und Zufriedenheit eines Aspektes verglichen werden. Ist die Zufriedenheit schlechter als die Wichtigkeit, ist bei Überschreiten eines kritischen negativen Wertes Handlungsbedarf gegeben.

Neben der Verbindung unterschiedlicher Aspekte und Ansatzpunkte der Messung von Mitarbeiterzufriedenheit sollten bei einer ganzheitlichen Betrachtung des Themas auch die langfristigen Trendveränderungen von Mitarbeiteraussagen im Rahmen eines rollierenden Erhebungsprozesses erfasst werden.

Einen eigenen Stellenwert haben die so genannten Austrittsinterviews, die geführt werden, wenn ein Mitarbeiter das Unternehmen verläßt. Denn gerade dann sind offene Äußerungen über die Schwachpunkte eines Unternehmens zu erwarten, die helfen, Potenziale zur Steigerung der Mitarbeiterzufriedenheit zu entdecken.

Online ja oder nein, dass ist manchmal noch die Frage. Trotz großer Skepsis auf alle Seiten besteht meist keine Gefahr, wenn die Technik stimmt. Aber hier sind die Angebote vielfältig; mittlerweile liefern einige Anbieter auch wirklich mehr als eine 1:1 Übertragung des schriftlichen Fragebogens. Dort, wo mit einer Online-Befragung nicht alle Mitarbeiter erreicht werden können, empfiehlt sich immer noch die Einrichtung so genannter „PC-Wahlbüros" oder ein Methodenmix: Online und Papier.

Zeit ist Geld und eben diese spart man bei einer Online-Befragung schon allein dadurch, dass Druck und Konfektionierung eines Fragebogens nicht nötig sind. Zudem können erste Trends schon innerhalb von 24 Stunden nach Abschluss der Befragung bereitgestellt werden. Und dies bei oftmals höheren Rücklaufquoten. Jederzeit abrufbare Antwortquoten und die Möglichkeit zum so genannten Routing gewährleisten eine optimale Ausschöpfung von Zielgruppen und Quoten. Fehler bei der manuellen Datenerfassung entfallen.

Bedenken wegen der Datensicherheit müssen nicht sein, denn durch moderne Verschlüsselungstechnologien und Zertifizierungsmechanismen ist die Beantwortung einer Mitarbeiterbefragung ebenso sicher wie Onlinebanking. Dennoch sind solche Bedenken bei den Mitarbeitern ebenso ernst zu nehmen wie andere Akzeptanzprobleme - und dies gilt nicht nur für eine Online-Befragung. Frühzeitige offene Kommunikation und die Einbindung des Betriebsrates und anderer Vertrauenspersonen sind zwingend notwendig. Hinsichtlich der Methodik der Befragung sind außerdem die Gütekriterien Objektivität, Reliabilität und Validität zu berücksichtigen. Ebenso Verständlichkeit, Relevanz und Themenauswahl des Erhebungsinstrumentes.

Die richtigen Fragen stellen

Oft bringen Befragungen nur einen geringen Rücklauf, weil zu viele Fragen gestellt werden. Denn es werden alle Fragen aufgenommen, die aus irgendeinem Grund interessant sind. Bei der Auswahl der Fragen und Analyseschwerpunkte bewährt sich der Grundsatz: Weniger ist mehr.

Je nach Umfang der abgefragten Themenbereiche wird prinzipiell zwischen umfassenden oder allgemeinen Mitarbeiterbefragungen und speziellen Mitarbeiterbefragungen unterschieden. Bei speziellen Mitarbeiterbefragungen werden in der Regel Daten zu einem speziellen Themenbereich wie zum Beispiel Personalentwicklung sehr detailliert erhoben. Grundsätzlich können folgende Themenbereiche Inhalt einer Mitarbeiterbefragung sein:

Arbeitsorganisation	*Arbeitsbereich*
	Art der Tätigkeit
	Art der Arbeitsorganisation
	Arbeitsbelastung
Arbeitsbedingungen	*Arbeitsumfeld*
	Arbeitsplatzgestaltung
	Arbeitszeitgestaltung
	Arbeitsbelastung
Vergütung	*Sozialleistungen und Einkommen*
	Höhe des Einkommens im Vergleich
	Bedeutung zusätzlicher Sozialleistungen
Information	*Informationen über das Unternehmen*
	Informationen über die Arbeit i. e. S.
	Informationswege und -quellen
	gewünschte Zusatzinformationen
	Verbesserungsvorschläge (KVP)
Leistungsbereitschaft	*Eignungsadäquater Arbeitseinsatz*
	Neigungsadäquater Arbeitseinsatz

Entfaltungsmöglichkeiten
Wichtigkeit der Arbeit
Eigenverantwortlichkeit

Zusammenarbeit

Zusammenarbeit mit Kollegen
Abteilungsübergreifende Zusammenarbeit
Zusammenarbeit im Gesamtunternehmen

Personalentwicklung

Ausbildungsangebot
Weiterbildungsangebot
Nutzungsmöglichkeiten
Themenwünsche
Entwicklungsmöglichkeiten

Führungsverhalten

Fachkompetenz der Führungskraft
Sozialkompetenz der Führungskraft
Informationsverhalten der Führungskraft
Konfliktfähigkeit der Führungskraft
Kritikfähigkeit der Führungskraft
Unterstützung bei privaten Schwierigkeiten

Unternehmensimage

Arbeitgeberattraktivität
Arbeitgebermarke
Attraktivität der Produkte und Leistungen
Gesellschaftlicher Stellenwert
Sicherheit des Arbeitsplatzes

Globaleinschätzung	*Loyalität mit dem Arbeitgeber*
	Weiterempfehlung des Arbeitgebers
	Wiederwahl des Arbeitgebers
	Gesamtzufriedenheit mit dem Arbeitgeber
Gruppierungsvariablen	*Unternehmensbereich*
	Standort
	Führungsebene
	Alter
	Geschlecht
	Verweildauer
	Arbeitszeitform

Im Zuge der Beschäftigung mit dem demografischen Wandel nehmen Unternehmen häufig Fragestellungen dieses Themenkreises mit in die Befragung auf oder gestalten ganze Befragungen rund um spezielle Themen wie „Diversity im Unternehmen", „Vereinbarkeit von Beruf und Familie" oder „Frauen in Führungspositionen".

Befragung, Zielorientierung und Handlungsbedarf

Basis erfolgreicher Führung ist die Zielorientierung. Nur so sind Leistung, Leistungsorientierung und Leistungspotenzial der Mitarbeiter aus Sicht des Unternehmens zu bewerten und zu honorieren. Ein unternehmensindividuell entwickelter Zielkatalog, Leitfäden und Instrumente zur konkreten Zielvereinbarung, vor allem aber Trainings zur professionellen

Gesprächsführung in Zielvereinbarungsgesprächen bilden die zentralen Elemente des Konzepts. Dabei können sowohl die Ergebnisse der Mitarbeiterbefragung als auch die Ergebnisse einer möglichen Kundenbefragung integriert werden.

Aus strategischer Perspektive geht es dabei darum, die vier Leistungstreiber Finanzen, Prozesse, Kunden und Mitarbeiter zu beschreiben und messbar zu machen, um so eine optimale Strategieumsetzung und -kontrolle zu realisieren.

So können aggregierte Daten aus der Mitarbeiterbefragung nicht nur helfen, einen Gesamteindruck zu bekommen, sondern auch als Basis für Zielvereinbarungen und Leistungsbewertungen im Rahmen von Performance-Management dienen. Die hierzu oft verwendete Indexbildung gewinnt noch an Aussagekraft, wenn die aktuell ermittelten Daten zur Wichtigkeit einzelner Aspekte aus Mitarbeitersicht zur Gewichtung herangezogen werden.

Wichtig für die Einordnung und Bewertung der Ergebnisse einer Befragung ist auch die folgende Überlegung: Wo steht das Unternehmen im Vergleich mit anderen Unternehmen und Branchen? Von zentraler Bedeutung bei einem solchen Vergleich ist die Art der Skalierung, die Ähnlichkeiten der Vergleichsbranchen und die Anzahl der Fälle/Befragten.

Insgesamt ist bei der Analyse Folgendes zu bedenken: Bei der Auswertung der Daten können interessante Unterschiede in der Bewertung einzelner Themenkomplexe anhand von Gruppierungsvariablen wie Unternehmensbereich, Standort oder Führungsebene analysiert werden. Welche Gruppierungen sinnvoll sind und auch für Erarbeitung von Handlungsoptionen genutzt werden können, ist hierbei von entscheidender Bedeutung. Bei der Datenerfassung und -analyse können außerdem sehr viele Fehler durch unzweckmäßige oder ungeeignete Analyseverfahren entstehen. Viele Analyseergebnisse werden überinterpretiert oder in der Darstellung gnadenlos verzerrt.

Während die Bildung eines Indexes oder der punktuelle Vergleich von Ergebnissen mit anderen Untersuchungen eher statisch anmuten, ist die Einordnung der Ergebnisse in ein Portfolio eindeutig handlungsorientiert. Das Portfolio der Mitarbeiterorientierung zeigt die zentralen Zusammenhänge in einem Gesamtüberblick. Es ist eine Weiterentwicklung des Zwei-Faktoren-Ansatzes des Psychologen Herzberg.

Neben der Darstellung der verbalen Wichtigkeit und der realen Bedeutung der einzelnen Indikatoren eines Analysebereiches wird auch das entsprechende Qualitätsniveau herausgearbeitet. Damit kann das Portfolio von einem Spiegel der Mitarbeiterorientierung zu einem Frühwarnsystem werden. Das Qualitätsniveau wird durch die Kategorien Basisfaktoren, Hygienefaktoren, Motivatoren und Chancen abgebildet.

Basisfaktoren haben nur einen geringen Einfluss auf die Mitarbeiterzufriedenheit. Verbesserungen tragen auch nur unwesentlich zur Erhöhung der Mitarbeiterbindung bei.

Hygienefaktoren sind Aspekte, deren hohes Niveau für den Mitarbeiter eine Selbstverständlichkeit darstellen. Verbesserungen bei diesen Indikatoren tragen nur unwesentlich zu einer höheren Mitarbeiterzufriedenheit bei, Verschlechterungen führen unmittelbar zu Unzufriedenheit.

Motivatoren führen bei einer Verbesserung des Leistungsangebotes zur Steigerung der Mitarbeiterorientierung und haben damit einen entscheidenden Einfluss auf Mitarbeiterzufriedenheit und Mitarbeiterbindung.

Chancen ermöglichen die Realisierung von Attraktivitätsvorteilen. Es handelt sich dabei um Kategorien, mit deren Hilfe ein zusätzliches Maß an Mitarbeiterorientierung erreicht oder ausgebaut werden kann, vor allem dann, wenn das Potenzial der Motivatoren bereits ausgeschöpft ist.

Den Daten müssen Taten folgen

Befragungen können noch so gut vorbereitet, professionell durchgeführt und die Daten noch so attraktiv aufbereitet sein, letztendlich entscheidet die Umsetzung der Ergebnisse über den Erfolg der Befragung. Denn nur wenn den Daten auch Taten folgen, erhalten die Mitarbeiter ein eindeutiges Signal. Nur dann können Mitarbeiterzufriedenheit und -motivation nachhaltig verbessert werden.

Mitarbeiterbefragungen können also differenziert Stärken und Schwächen offenlegen, Aktionsfelder präzisieren und letztendlich auch zu mehr Mitarbeiterorientierung, Effizienz, Leistung und Motivation führen.

Sie sind bei einer erfolgreichen Umsetzung dann auch ein deutliches Signal für die Mitarbeiter: Ihre Meinung ist uns wichtig!

Individuelle Meinungen und Aussagen werden dabei zu einem Wahrnehmungsbild verdichtet und Kriterien mit besonderer Bedeutsamkeit herausgearbeitet. Interessant ist dabei nicht nur der detaillierte Vergleich unterschiedlicher Analyseergebnisse, sondern auch das systematische Zusammenfügen verschiedener Ergebnisse zu einem Gesamtbild.

Hilfreich kann auch die Integration von Kunden- und Mitarbeiterbefragungen sein, denn durch ein systematisches Zusammenführen der Erkenntnisse aus beiden Befragungen ist ein Abgleich zwischen Selbst- und Fremdbild möglich. In modernen Feedbacksystemen ist dieser Abgleich selbstverständlich. Hier können im Rahmen von Mitarbeitergesprächen auch die Erkenntnisse der Mitarbeiterbefragung - quasi als eine Art Vorgesetztenbeurteilung - genutzt werden.

Für alle, die zwar regelmäßig „den Puls ihrer Mitarbeiter fühlen wollen", aber auch gleichsam den Aufwand einer umfassenden Mitarbeiterbefragung scheuen, kann die Übertragung und Erweiterung des NPS-Modells eine Lösung sein. NPS steht für „Net Promotor Score". So können umfassende Befragungen in größeren Zeitabständen durchgeführt werden, wenn zwischendurch der NPS ermittelt wird.

Die zentrale Frage zur Ermittlung des NPS lautet: *„Wie wahrscheinlich ist es, dass Sie Ihren derzeitigen Arbeitgeber als möglichen Arbeitgeber* *an gute Freunde weiterempfehlen?"* Grund hierfür ist die Annahme, dass ein sehr starker Zusammenhang zwischen Weiterempfehlung, Mitarbeiterzufriedenheit und Mitarbeiterloyalität besteht. Ergänzt werden kann der NPS durch die Fragen nach den Gründen für bzw. gegen eine Weiterempfehlung, der Verbundenheit mit dem Unternehmen und der Absicht, das Unternehmen wieder als Arbeitgeber zu wählen; insgesamt jedoch nicht mehr als die sprichwörtliche Handvoll Fragen.

Aus den Fragen wird dann der Net Promoter Score, der in Prozent angegeben wird, als Differenz der relativen Anteile von Fürsprechern (Mitarbeitern mit einer positiven Antwort) und Kritikern (Mitarbeitern mit einer negativen Antwort) berechnet. Die von vielen Unternehmen angestrebte Mitarbeiterorientierung und -loyalität kann durch den Net Promoter Score in eine anschauliche Kennzahl transformiert werden, die relativ einfach zu ermitteln, schnell zu verstehen und, dies ist sicherlich das Wichtigste, sehr gut zu kommunizieren ist.

Fragen stellen lohnt sich auf jeden Fall. Der Erkenntnisgewinn kann hoch und die Verwendungsmöglichkeiten der Ergebnisse vielfältig sein. Auf die richtige Vorbereitung und Durchführung kommt es an. Und vor allen Dingen sollte man sich auch von negativen Ergebnissen nicht entmutigen lassen, denn sie bieten Chancen und Möglichkeiten.

Präsentation:
Ein Bild sagt mehr als tausend Worte

*„Eine gute Rede soll das Thema erschöpfen,
nicht die Zuhörer."*
(Winston Churchill)

Warum hören wir manchmal gebannt zu, während wir ein anderes Mal das Ende nicht erwarten können? Warum sind wir bei einigen Vortragenden regelrecht gefesselt, während wir uns bei anderen nur mühsam wachhalten können? Und warum werden uns bei manchen Vortragenden auch schwierigste Inhalte sofort klar, während wir bei anderen rätseln und vergeblich nach dem Sinn suchen?

Für den ersten Eindruck gibt es keine zweite Chance. Professionell zu präsentieren heißt, das Beste aus der zunehmend multimedial werdenden Welt mit der realen Welt und damit der eigenen Person zu verknüpfen. Seien Sie aber vor allem authentisch. Der authentische Mensch braucht sich nicht hinter PowerPoint oder einer Maske zu verstecken. Wer authentisch auftritt, glaubt an sich. Er weiß, was er leisten kann. Aber, und das ist ein weiterer Aspekt, er weiß auch, was er nicht kann.

Erzählen Sie eine bewegende Story und zeigen Sie anschließend anschauliche Charts; lassen Sie die Menschen Ihre Inhalte erleben, spüren und genießen - und lassen Sie dann Zahlen, Daten und Fakten für sich sprechen. Spielen Sie mit Worten und Bildern und Ihre Präsentation wird ein unvergessliches Ereignis für Ihre Zuhörer.

Eine der wichtigen Empfehlungen für eine gute Präsentation lautet dabei: Die Sprache muss an den Zuhörer oder Empfänger gerichtet werden, sie muss gehirngerecht, also verständlich sein. Denn, was nicht verstanden wird, kann auch nicht auf Verständnis hoffen. Wenn Sie sich jetzt fragen: Wie kann ich gehirngerecht und zuhörerorientiert präsentieren, dann erhalten Sie auf den folgenden Seiten hierzu das Handwerkszeug mit ganz konkreten praxisnahen Tipps und Anregungen.

Vorbereitung einer Präsentation

Klären Sie für sich das zu bearbeitende Thema. Günstig ist es, das Thema als Frage zu formulieren. Das schafft einen aktiveren Zugang zum eigenen Thema. Arbeiten Sie Ihr persönliches Hauptziel oder Ihre Hauptbotschaft heraus: Was sollen die Zuhörer am Ende der Präsentation wissen? Wichtig ist auch, welche Einstellung die Zuhörer am Ende zum Thema haben sollten.

Denken Sie sich in den Kopf Ihrer zukünftigen Zuhörer hinein: Was ist an meinem Thema für die Zuhörer interessant? Welche Assoziationen und Einwände werden bei meinen Zuhörern wachgerufen? Arbeiten Sie systematisch die Kernfragen heraus, die die Zuhörer vermutlich an dem Thema interessieren. Sie haben einen Wissensbedarf und damit eine innere Fragehaltung, die angesprochen werden sollte. Eine wichtige Vorarbeit für diesen Schritt ist, sich genau klarzumachen, wer die Zuhörer sind, d. h. sich Gedanken zu machen zum Beispiel über ihre berufliche Position, Ausbildung und Vorkenntnisse, Alter und Lernbereitschaft und -fähigkeit, Einstellung zum Thema, ihre aktuelle Ausgangssituation und ihren Zugang zum Thema. Bedenken Sie immer: Das zentrale Element für den Erfolg einer Präsentation oder Rede sind die Zuhörer.

Greifen Sie die Fragen der Zuhörer aus dem vorherigen Schritt auf und entwickeln Sie Antworten. Hieraus ergibt sich der Inhalt, das, was die Zuhörer vermutlich verstehen und was sie praktisch anwenden können. Sammeln Sie Ihre Ideen und Argumente und arbeiten Sie diese systematisch mit Blick auf Ihre Hauptbotschaft aus.

Wenn Sie sich einen fundierten Überblick über das Thema Ihrer Präsentation verschafft haben, wird es darum gehen, das Ganze sinnvoll zu ordnen. Beginnen Sie, den Stoff im Sinne des Themas zu gliedern, und zwar im Hinblick auf die Leitidee: Was will ich erreichen (Zielsetzung und Hauptbotschaft)?

Selbstverständlich werden Sie diese Gesichtspunkte schon beim Sammeln und Ordnen im Hinterkopf gehabt haben. Jetzt aber gilt es, sie direkt in einen Aufbau unter gleichzeitiger Berücksichtigung taktischer Momente umzusetzen. Dieses thematische Gerüst ist das Raster für die rhetorisch-argumentative Beschäftigung mit der Präsentation. Jetzt gehen Sie an den Rohentwurf des Ganzen, der ausformulierte Gedanken,

Übergänge und Faktenzusammenhänge enthalten sollte. Dabei sollten Sie alles übersichtlich anordnen, das heißt, die einzelnen Schwerpunkte deutlich kennzeichnen und Wesentliches besonders hervorheben. Vielleicht können Sie in diesem Stadium das Ganze mit anderen diskutieren. Denn das Gespräch darüber führt oft zu neuen Ideen, bringt größere Klarheit ins eigene Denken und Wollen und verhilft vielleicht auch zu treffenderen Formulierungen.

Gliedern Sie Ihr Thema nach der so genannten Fünf-Satz-Regel. Verwenden Sie einen motivierenden Einstieg. Bringen Sie die drei wichtigsten Argumente in folgender Reihenfolge - jeweils aus Sicht des Zuhörers: das zweitwichtigste Argument zuerst, dann das schwächste Argument und kurz vor dem Ende das stärkste Argument. Überlegen Sie sich einen Schluss-Satz, der die Zuhörer zu einer Aktivität auffordert.

Die Fünf-Satz-Regel bietet Ihnen die Möglichkeit, situationsbezogen, zuhörerorientiert und zielgerichtet zu formulieren und damit auch ein Anliegen überzeugend zu präsentieren. Sie eignet sich immer dann, wenn ein Thema konstruktiv geklärt werden soll. Die Fünf-Satz-Regel ist nie Selbstzweck, sondern nur Hilfsmittel für den flüssigen, logischen Fluss der Präsentation. Als praxisnah hat sich die folgende Struktur erwiesen:

- Interesse wecken (Motivation): Warum spreche ich hier vor diesem Publikum, und wie kann ich das Interesse auf mein Thema lenken?
- Kerngedanken nennen (Ist-Zustand): Was ist derzeit aus meiner Sicht das Problem, das Thema oder der Diskussionsgegenstand?

- Vorschläge begründen (Soll-Zustand): Wie sollte die Situation zukünftig (idealerweise) sein?
- Vorteile aufzeigen (Lösung): Wie könnte der Soll-Zustand erreicht werden?
- Zum Handeln auffordern (Appell): Wie können die Anwesenden zum Handeln motiviert werden und zur Lösung beitragen?

Je besser es Ihnen gelingt eine stetige Steigerung zu erreichen, umso direkter fühlt sich der Zuhörer angesprochen. Gerade der gemeinsame Prozess des Entwickelns von Denken im Sprechen kann für Zuhörer sehr spannend in einem durchaus positiven Sinne sein und überzeugender wirken, als die geschliffene, scheinbar mühelose druckreife Darstellung eines routinierten Schönredners. Folgende Möglichkeiten bieten sich an:

*Die prozessbezogene Präsentation orientiert sich
an den Entwicklungsstufen, die beschrieben werden:*

- ist schnell und sicher umzusetzen
- kann leicht langweilig werden
- ist auch bei sehr komplexen Themen einsetzbar

*Die dialektische Präsentation orientiert sich
an den Pro- und Contra-Argumenten eines Themas:*

- Argumente geben die Vorgabe
- ist sehr überzeugend

- ist nur bei kontroversen Themen einsetzbar

*Die sachbezogene Präsentation orientiert sich
an dem Aufbau eines Produktes, das beschrieben wird:*

- Grundlage ist die Produktbeschreibung
- ist sehr anschaulich und transparent
- ist nur bei bestimmten Themen einsetzbar

*Die fragenbezogene Präsentation orientiert sich
an den typischen W-Fragen (wer, wie, wo, was, weshalb etc.):*

- ist schnell und sicher einsetzbar
- ist ein gutes Komprimierungswerkzeug
- ist für komplexe Themen weniger geeignet

Der Umfang der organisatorischen Vorbereitung hängt von der Gruppe, vom Thema, der Zielsetzung, der gewählten Präsentationsmethode und der Dauer der Präsentation oder Rede ab. Im Rahmen der Vorbereitung müssen folgende Fragen abgehakt werden:

- Wann soll die Präsentation stattfinden?
- Wie lange soll sie dauern?
- Wie viele Pausen sind einzulegen und wann?
- Wie viele Teilnehmer erwarten Sie?
- Wie groß muss der Raum sein?

- Welche Sitzordnung ist vorteilhaft?
- Welche Medien werden benötigt?
- Wie steht es mit den Stromquellen?
- Sind entsprechende Anschlüsse verfügbar?

So besiegen Sie Redeängste

Wenn Sie eine Präsentation vor sich haben, sollten Sie sich nicht nur thematisch und rhetorisch, sondern auch psychologisch vorbereiten. Dazu gehören vor allem der Abbau von Lampenfieber und Redeängsten. Redeängste sind in Wahrheit meist Angstphantasien, auch Erwartungsängste genannt. Wir stellen uns vor, was alles passieren kann, wie skeptisch oder uninteressiert das Publikum sein wird, welche Zwischenfälle es möglicherweise gibt und wie wir nicht in der Lage sein werden, damit zurecht zu kommen und das Vorbereitete an den Mann zu bringen. Stellen Sie fest, wovor Sie am meisten Lampenfieber haben. Vor den unbekannten Zuhörern, dem unbekannten Raum, dem unbekannten Thema oder Ihrem eigenen Ich. Ihr Realitätssinn sollte Ihnen jedoch sagen:

- Ich bin auf meine Zuhörer gut vorbereitet.
- Ich bin in der Lage, Wichtiges zu sagen.
- Meine Zuhörer wollen sich informieren lassen.
- Meine Zuhörer sind interessiert.
- Keiner meiner Zuhörer erwartet Perfektion.

Gehen Sie immer positiv mit Lampenfieber um. Nur wenn Adrenalin Sie puscht, können Sie Höchstleistungen vollbringen. Getreu dem Motto: In dir muss brennen, was du in anderen entzünden willst.

Wer Lampenfieber verspürt, hat es immer leichter zu überzeugen. Nehmen Sie auch kleine Erfolge nicht als Selbstverständlichkeit hin. Benutzen Sie einen Gedankenträger. Nehmen Sie zu Beginn einen vertrauten Gegenstand als eine Art Talisman mit, auf den Sie zuerst bestimmte Gedanken übertragen, um sie dann wieder abzurufen. Berücksichtigen Sie auch die folgenden Verhaltensregeln:

1. *Sicher stehen:* Als Ausgangsstellung Füße gleichmäßig belasten, bewusster Bodenkontakt, Muskulatur entspannen, Knie nicht durchdrücken, Arme entlasten.

2. *Ruhig atmen:* Einige bewusste Tiefatemzüge (Bauchatmung) tragen zur inneren Sicherheit bei, ausatmen (aber nicht hörbar!).

3. *Ins Publikum schauen:* Blickkontakt halten! Vor allem freundliche, interessierte Gesichter bewusst zur Kenntnis nehmen. Aktiv schauen, statt sich angeschaut zu fühlen!

4. *Langsam beginnen:* Sich voll auf das Thema konzentrieren! Stimmliche Mittel dosiert einsetzen, sich allmählich steigern und an gezielte Sprechpausen denken.

5. *Den Körper mitreden lassen:* Das Gesagte mit Gestik, Mimik und

durch Körperhaltung unterstützen, dabei aber jede Theatralik und Überzeichnung vermeiden.

6. *Hörerbezogen sprechen:* Positive Grundeinstellung zum Publikum! Erfahrungen der Zuhörer einbeziehen und Reaktionen (Feedback) beachten, sich stimulieren lassen.

7. *Leicht begreifbar reden:* Anspruchsniveau der Zuhörer realistisch einschätzen! Rede strukturieren und Ablaufschritte deutlich machen. Nie den roten Faden verlieren.

8. *Aufmerksamkeit der Zuhörer stützen:* Um dynamische, nicht monotone Sprechweise bemüht sein, durch persönliche Erlebnisse auflockern, interessante Vergleiche und Beispiele einbringen. Möglichkeiten der Veranschaulichung nutzen.

PowerPoint ist nur ein Hilfsmittel

Präsentationen sind heute multimedial. iBook oder iPad werden eingesetzt, um das Gesagte mit passenden Grafiken, Fotos, Filmen oder Animationen zu unterstützen. Präsentationen werden nicht mehr genutzt, um Thesen und Argumente aufzuzählen, sondern um diese anschaulich darzustellen. Präsentationen unterstützen den Redner, aber sie ersetzen den Redner nicht. Benutzen Sie PowerPoint oder haben Sie etwas zu sagen? PowerPoint ist nur eine Möglichkeit, einen Vortrag zu inszenieren. Eine gut erzählte Geschichte, eine griffige Demonstration, eine einleuchtende Skizze am Flipchart sind oft viel überzeugender, wenn es darum geht, Menschen für sich zu gewinnen. Nutzen Sie die Kraft Ihrer Persönlichkeit.

PowerPoint sollte nur so eingesetzt werden, dass sinnvoll das gesprochene Wort unterstützt wird. Meist werden zu viele Charts eingesetzt. Die Faustregel lautet:

Nicht mehr als ein Chart pro zwei Minuten Redezeit zeigen!

Achten Sie auf ausreichende Schriftgrößen. Mindest-Schriftgröße bei Charts: Nicht unter 4 mm gehen, gut sind 5-6 mm. Wenn die Projektionswand mehr als 10 m entfernt ist, sollte ca. 10 mm Schriftgröße verwendet werden.

Bei Charts, die ausschließlich aus Text bestehen, sollten maximal sieben Zeilen pro Chart genutzt werden. Mehr können die Zuhörer nicht auf einen Blick erfassen und alles, was Ihnen entgeht, erzeugt Unruhe. Charts mit Text enthalten keine Sätze sondern nur Kerninformationen in qualifizierten Schlagworten. Zum Beispiel:

statt: Die Zahl der Reklamationen hat um 30% abgenommen.
besser: 30% weniger Reklamationen

Auch bei Text-Charts möglichst viele Informationen durch Symbole oder allgemeingültige Zeichen visuell umsetzen. Nutzen Sie dafür auch Hervorhebungen von Textelementen zum Beispiel durch Einrückungen, Aufzählungszeichen oder Farben.

Grafiken und Bilder sollten unbedingt auf das Wesentliche reduziert sein. Jede überflüssige Information auf einem Chart entzieht dem Redner die Aufmerksamkeit der Zuhörer. Ein Chart sollte nur thematisch zusammengehörige Informationen enthalten, also nur ein Thema pro Chart.

Für die Verwendung von Farben gilt folgende Faustregel: Benutzen Sie maximal vier Farben, die Sie nach einem einheitlichen Muster verwenden. Ähnlich verhält es sich mit Schriftarten und Schriftgrößen. Für ein und dieselbe Präsentation nur eine Schriftfamilie verwenden - Corporate Design beachten.

Charts können auch einen Unterhaltungswert für die Zuhörer haben. Unterhaltungselemente auf Charts sollten wirklich originell sein und sehr dosiert eingesetzt werden, denn: nichts nutzt schneller ab als ein Gag. Was unterhaltsam ist, ist zudem sehr stark vom Teilnehmerkreis selbst und auch gesellschaftlichen Normen abhängig.

Nutzen Sie rhetorische Mittel

Zu den rhetorischen Wirkungsmitteln gehört die Sprechweise, auch Prosodik genannt. Gefühle und Absichten drücken sich unmittelbar in der Sprechweise aus. Durch eine bewusste Sprechweise kann einer Präsentation mehr Nachdruck und Überzeugungskraft geben werden.

Sprachstilebene: Durch einen Wechsel der Sprachstilebene (Fachsprache, Dialekt etc.) wird die Beziehungsebene aufgebaut.

Sprechtempo: Durch Verlangsamen oder Beschleunigen entsteht mehr Lebendigkeit.

Lautstärke: Geschicktes Variieren bewirkt, dass Wesentliches hervorgehoben und die Aufmerksamkeit der Zuhörer darauf gelenkt wird.

Tonhöhe: Das Auf und Ab der Stimme erzeugt Dynamik. Gegensatz: Die einschläfernde Monotonie eines Redners.

Längung von Lauten: In Kombination mit dem Tonfall bekommen die gedehnten Wörter eine bestimmte Gefühlsqualität oder ironische Wirkung.

Stakkato: Das Einhämmern durch Betonung jedes einzelnen Wortes, manchmal sogar jeder Silbe eines kurzen, geradlinigen Satzes, wirkt emotionalisierend.

Portato: Getragene Sprechweise, die Wörter und Sätze schwingen gleichsam aus; wirkt feierlich bis pathetisch, oft kombiniert mit leichtem Vibrato (Zittern der Stimme).

Pausen: Bewusste Verzögerungen (Kunstpausen) können vor einer wichtigen Bemerkung Spannung erzeugen, Aufmerksamkeit wecken, die Wirkung verstärken und damit die Verarbeitung des Gesagten erleichtern.

Satzabschluss (weiterführend): Die Stimme bleibt in der Schwebe, die Spannung hält an: Nichts ist erfolgreicher als der Erfolg.

Satzabschluss (fragend): Die Stimme geht nach oben, die Spannung wird gesteigert: Wissen Sie, was sich daraus ergibt?

Satzabschluss (beendend): Die Stimme fällt ab, es entsteht ein Ruhepunkt, Entspannung: Darüber sollten Sie einmal nachdenken.

Bereits aus klassischer Zeit überliefert ist uns eine Vielzahl von so genannten Redefiguren für Präsentationen, die besonders auf Wirkung angelegt sind: die rhetorischen Mittel bzw. Redefiguren. Hier eine Auswahl der gebräuchlichsten:

- Wiederholung: z. B. es gibt eine Mehrheit,
  eine schweigende Mehrheit.
- Steigerung: z. B. Vertrauen ist gut, Kontrolle ist besser.
- Variation: z. B. da können Sie nicht mit uns rechnen,
  dafür rühren wir keinen Finger.
- Reime: z. B. außer Spesen nichts gewesen.
- Veraltete Ausdrücke: z. B. sein Scherflein zu beitragen.
- Vermischung verschiedener Stilebenen:
  z. B. Fresstempel statt Restaurant.
- Umschreibung von Sachverhalten: z. B. er nahm den Hut.
- Ironie: z. B. der Rhein ist ein sauberer Fluss,
  er wird täglich chemisch gereinigt.
- Beschönigung: z. B. Nullwachstum statt Stagnation.
- Übertreibung: z. B. jemandem einen unschätzbaren Dienst erweisen.

- Untertreibung: z. B. über den großen Teich segeln.
- Verneinung des Gegenteils: z. B. ich bin da nicht uninformiert.
- Wortspiel: z. B. besser arbeitslose Heere als Arbeitslosenheere.
- Rhetorische Frage: z. B. doch was ist bisher erreicht worden.
- Änderungen im Satzbau: z. B. Sie können ihn haben, den Streit.
- Figuren der Hörerbezogenheit: z. B. urteilen Sie doch selbst.

Die Macht des Wortes

Nicht selten erlebt man heute Präsentationen, bei denen es sich lediglich um vorgelesene PowerPoint-Charts handelt; denn sie weisen die typischen Merkmale einer Schreibe auf: Sie sind eher für Leser als für Zuhörer geeignet. Um dies zu vermeiden, machen Sie sich das Prinzip der persönlichen Wirksamkeit bewusst:

Sensus: Wahrnehmung, Emotionalität, Einfühlungsvermögen etc.
Intellektus: Sprache, Verständlichkeit, Gliederung, Satzbau etc.
Lingua: Sprechen, Lautstärke, Geschwindigkeit, Niveau etc.
Corpus: Selbstwertgefühl, Haltung, Mimik, Gestik etc.

Es wäre optimal, wenn Sie den Zuhörern Verständnishilfen mit anbieten. Damit wird Ihre Präsentation merk-würdig, also würdig gemerkt zu werden. Was jeder verstanden, also begriffen hat, das kann er sich auch merken. Spätestens jetzt sollte jedem klar sein, warum die großen Zeitgenossen meistens in Beispielen oder Gleichnissen gesprochen haben. Damit haben Sie dem Hörer nämlich gleich eine Story zu ihrer Botschaft mitgeliefert, und deshalb waren sie auch so verständlich. Die Botschaften waren gehirngerecht und deshalb effizient und erfolgreich. Beachten Sie deshalb die Stufen der Verständlichkeit:

Einfachheit: *kurze Sätze, geläufige Wörter, konkrete Formulierungen, Fachbegriffe erklären*
Gliederung: *gute Unterscheidung von Wesentlichem und Unwesentlichem, alles der Reihe nach*
Prägnanz: *keine weitschweifigen Erklärungen, keine langen Monologe, aber auch nicht zu kurz*
Stimulanz: *Beispiele aus der Erlebniswelt der Zuhörer, witzige Formulierungen*
Engagement: *Gesagtes unterstützen durch Blickkontakt, Mimik, Gestik, Haltung*
Sprechweise: *akustisch verstehbar, angemessenes Sprechtempo, deutliche Artikulation*

Die hohe Schule der Präsentation ist es, über Worte das Verhalten zu ändern. „Ich bedanke mich fürs Zuhören" ist zwar ein höflicher Satz, aber kein besonders kreativer Abgang. Finden Sie einen Schlusspunkt, der den Zuhörern auch noch nach der Präsentation in Erinnerung bleibt.

Moderation:
Mit System ins Ungewisse

"Eine gute Herde wird nicht von einem Hammel geführt, sondern von einem Hirten."
(Thomas Niederreuther)

Moderation und Moderator sind heute geläufige Begriffe: im Fernsehen, im Rundfunk oder bei diversen Veranstaltungen - überall wird moderiert. Auch im Unternehmensalltag hat Moderation Einzug gehalten. Teamgespräche, Workshops, Meetings oder Besprechungen bedürfen in aller Regel eines Moderators. Nur so gelingt es, professionell Probleme zu lösen, Erfahrungen auszutauschen, Ideen zu entwickeln oder Projekte zu planen. Worauf es dabei ankommt: Der Moderation eine Richtung zu geben, jedes Teammitglied zu beteiligen und ein gemeinsam akzeptiertes Ergebnis zu erarbeiten.

Ein gemeinsam akzeptiertes Ergebnis entsteht jedoch nur dann, wenn sich der einzelne darin wiederfindet. Dies verlangt moderatorisches Geschick. Der Moderator hat darauf zu achten, dass alle Teilnehmer gehört und berücksichtigt werden und dass niemand ein Thema inhaltlich dominiert. Dies gilt auch und in besonderem Maße für ihn, den Moderator. Besonders schwierig ist diese inhaltliche Abstinenz dann, wenn der Moderator zugleich Einladender oder der Vorgesetzte der Teilnehmer ist.

Moderation heißt, auch in komplizierten Situationen den Überblick zu bewahren, Situationen objektiv und schnell zu analysieren, realistische Ziele festzulegen und diese auch zu erreichen. Wer mit Worten und Gefühlen richtig umzugehen weiß, gewinnt die Moderationsteilnehmer als Partner. Partner, die ihre Stärken in einem aufgeschlossenen Klima voll entfalten und mit ihren Meinungen, Vorschlägen und Ideen einen wichtigen Beitrag leisten.

Formen und Arten der Moderation

Moderationen oder auch Besprechungen sollten üblicherweise nach dem unterteilt werden, was inhaltlich zu bearbeiten ist, also beispielsweise nach:

- Information
- Entscheidung
- Problemlösung

Nach dem klassischen Sitzordnungsmodell können die Besprechungsmoderation am „runden Tisch" und die Workshopmoderation im „offenen Halbkreis" unterschieden werden.

Besprechungsmoderation

Bei der Besprechungsmoderation sitzen alle Beteiligten um einen Tisch. Dieser wird nicht in jedem Fall rund sein. Er bildet aber das Zentrum.

Als zentrales Medium kommt das Flipchart zum Einsatz. Genutzt wird diese Art vor allem bei:

- Teambesprechungen
- Arbeitsbesprechungen
- Projektsitzungen

Besprechungsmoderation ist ein Konzept, das die Vorteile der Moderation für Besprechungen nutzbar macht. Dies bedeutet, dass zunächst von folgenden Rahmenbedingungen ausgegangen wird:

1. Die Besprechungsräume sind in der Regel von ihrer Größe und Ausstattung her für klassische Moderation nicht immer geeignet. Besprechungsmoderation muss also mit wenig Platz auskommen.

2. Die Moderationswand ist ein gruppendynamisches und aktives Medium. Manchmal steht eine Moderationswand nicht zur Verfügung. Eine Besprechungsmoderation kann auch ohne Moderationswände auskommen.

3. Das Arbeiten in der offenen Runde ist oft ungewohnt, und so ist es leichter, in gewohnter Weise an einem Tisch zu sitzen.

4. Besprechungsmoderation kann die Workshopmoderation nicht ersetzen. Die Besprechungsmoderation kann besser vor allem für kleine Gruppen angewandt werden.

Die erwünschten Vorteile, wie die für alle sichtbare Visualisierung, können aber nur dann genutzt werden, wenn die Sitzordnung ein gemeinsames Arbeiten im Gegensatz zum nebeneinander Arbeiten zulässt. Geeignete Sitzordnungen sind daher alle, bei denen jeder jeden sehen kann. Besprechungsmoderation arbeitet in der Regel mit dem Doppel-Flipchart. Durch die Nutzung zweier Flipcharts nebeneinander ist es möglich, die Visualisierungs- bzw. Frage-Antwort-Methoden der Moderation in jedem Besprechungsraum zu nutzen. Durch die Verwendung einfacher Hilfsmittel wie Klebespray und Moderationskarten können sogar Kartenabfragen am Flipchart durchgeführt werden. Besprechungsmoderation orientiert sich also an der Arbeitsmethodik der Workshopmoderation.

Workshopmoderation im „offenen Halbkreis".

Eine Workshopmoderation im „offenen Halbkreis" kann - je nach situativen Gegebenheiten - Wochen in Anspruch nehmen, aber auch schon innerhalb einer Stunde abgeschlossen sein. Bei dieser Art der Gestaltung sitzen die Teilnehmer im Halbkreis. Mehrere Moderationswände bilden das so entstehende Forum. Anwendungsschwerpunkte sind:

- Qualitätsmanagement (KVP)
- Problemlösung
- Ideenfindung
- SWOT-Analysen
- Teamentwicklung

Sechs Schritte der Moderation

1. Themensammlung:
Das Sammeln der Themen ist der erste inhaltliche Arbeitsschritt. Hier geht es darum, die Themen festzulegen, die bearbeitet werden könnten oder konkret bearbeitet werden sollen.

- Formulierung einer präzisen, zielgerichteten Fragestellung
- Visualisierung der Fragestellung an der Pinwand
- Konzentrieren der Gedanken auf die gemeinsame Zielsetzung
- Eine Basis für die gemeinsame inhaltliche Arbeit schaffen
- Einbeziehen aller Teilnehmer und Themenwünsche
- Moderationskarten an die Teilnehmer verteilen
- Sammlung von Einfällen zur Fragestellung
- Teilnehmer zur Beschriftung der Karten auffordern

2. Themenstrukturierung:
Die Strukturierung der Themen ist der zweite inhaltliche Arbeitsschritt. Hier geht es darum, die Themen so zusammenzufassen, dass sie inhaltlich sinnvoll bearbeitet werden können.

- Einbeziehen aller Teilnehmer in den Prozess
- Konzentration der Gedanken auf die Kernfragestellung
- Karten einsammeln und an der Pinwand anheften
- Überblick gewinnen und Transparenz schaffen
- Karten an der Pinwand ordnen und strukturieren

- Inhaltliche Schwerpunkte gemeinsam erarbeiten
- Inhaltliche Schwerpunkte stichwortartig beschreiben

3. Themengewichtung:
Hier geht es darum, festzulegen, welches Thema in welcher Reihenfolge bearbeitet werden soll (Punktbewertung und Prioritätensetzung).

- Erstellung eines Themenspeichers
- Auflistung der gefundenen Themen
- Die Oberbegriffe auf einen Blick erfassbar machen
- Das Weiterarbeiten auch methodisch erleichtern
- Formulierung zielgerichteter Fragestellungen
- Themen mit Klebepunkten gewichten lassen
- Themenabfolge entsprechend der Punktbewertung strukturieren

4. Themenzuordnung:
In diesem Arbeitsschritt werden die Themen entsprechend der festgelegten Rangordnung einzelnen Arbeits- oder Projektteams zugeordnet.

- Informationssammlung
- Informationsaustausch
- Regeln und Vereinbarungen

5. Themenbearbeitung:
In diesem Schritt werden die Themen mit einer zweckmäßigen Problemlösungsmethode wie beispielsweise der Schnellplantechnik bearbeitet.

Bei komplexen Themen findet das Projektmanagement Anwendung.

- Möglichst effiziente Themenbearbeitung gewährleisten
- Themenbearbeitung gemäß der gewählten Methodik
- Möglichst konkrete Themenbearbeitung sicherstellen
- Aufmerksamkeit der Teilnehmer auf die Zielsetzung konzentrieren
- Teilnehmer auf das gewählte methodische Vorgehen einstimmen

6. Maßnahmenplan:
In diesem Schritt wird festgelegt, welche Maßnahmen auf Basis der Themenbearbeitung durchgeführt werden sollen. Möglicher Ablauf:

- Maßnahmenmatrix visualisieren.
- Struktur für die weitere Arbeit schaffen
- Aktivitäten in die Matrix eintragen
- Maßnahmen sichtbar dokumentieren
- Verantwortlichkeiten festlegen
- Termine konkret fixieren
- Teilnehmer konkret verpflichten
- Kontrolltermine vereinbaren

Nach der Verabschiedung des Maßnahmenplans bietet es sich an, den Moderationsprozess gemeinsam zu reflektieren. Folgende Fragen können dabei im Mittelpunkt stehen:

1. Wurden die Erwartungen erfüllt?

2. Wurde die Arbeit als effektiv empfunden?
3. Wurde das Klima als positiv erlebt?
4. Ist das Ziel erreicht worden?

Eine solche Reflexion kann durchaus auch zu einem früheren Zeitpunkt sinnvoll sein, wenn Teilnehmer Unzufriedenheit äußern, die inhaltliche Arbeit ins Stocken gerät oder die Arbeit durch eine längere Pause unterbrochen war.

Die Rolle des Moderators

Der Stil des Moderators, ein Team zu führen, ist gekennzeichnet durch eine ganz spezifische Grundhaltung, die er besitzt: er versteht sich als Dienstleister. Aus diesem Grundverständnis heraus sagt er nicht, was aus seiner Sicht richtig oder falsch, zu tun oder zu unterlassen ist, sondern hilft dem Team, eigenverantwortlich zu arbeiten, d.h. die Lösungen für Fragen oder Themen selbst zu finden und gegebenenfalls geeignete Maßnahmen zur Problemlösung zu beschließen. Moderation bedeutet im ursprünglichen Sinne „Mäßigung" und steht für:

- eine spezifische Grundhaltung des Moderators
- die Arbeit nach einer bestimmten Methodik
- die Verwendung spezieller Hilfsmittel und Materialien

Wenn zu befürchten ist, dass es beim einem Moderator an Akzeptanz mangeln wird, sollte man sich gut überlegen, was man vorab konkret tun kann, um diese zu schaffen. Notfalls sollte der Moderator die Aufgabe dann nicht wahrnehmen! Die Alternative ist immer ein externer Moderator, der entsprechend erfahren und per se neutral ist. Je heikler die Veranstaltung, desto ernsthafter sollte diese Möglichkeit geprüft werden. Erst nach möglichst sorgfältiger Klärung dieser Frage sollten die eigentlichen Vorbereitungsaktivitäten beginnen, sollte sich der Moderator über Inhalte, Methodik und Organisation der Veranstaltung sowie seine persönliche Vorbereitung Gedanken machen.

Der Moderator führt den Moderationsprozess vor allem durch Fragen. Fragen kann er aber bekanntlich nur stellen, wenn er schon etwas über das Thema weiß. Deshalb ist es für den Moderator unbedingt notwendig, etwas von der Sache zu verstehen, um die es in der Moderation geht. Er muss und sollte nicht inhaltlicher Experte sein, muss sich aber in die Sache hineindenken können.

Aufgabe des Moderators ist es, dafür zu sorgen, dass das Team arbeitsfähig ist und bleibt. Er trägt die Verantwortung dafür, dass das Team ein Ergebnis erarbeiten kann, aber nicht für die inhaltliche Qualität der Ergebnisse. Neben der reinen Methodik der Moderation, muss der Moderator in der Lage sein, den Teamprozess zu steuern. Aus dem bisher Gesagten lassen sich im Einzelnen folgende Aufgaben und Verhaltensregeln für den Moderator ableiten:

- Räume und Material vorbereiten
- organisatorischen Ablauf planen

- geeignete Methoden zur Verfügung stellen
- Kommunikation fördern und steuern
- Transparenz auf Sach- und Beziehungsebene herstellen
- dafür sorgen, dass die Gruppe zielorientiert arbeitet
- eigene Meinungen, Ziele und Werte zurückstellen
- sich nicht inhaltlich einmischen
- durch Fragen auf vergessene Aspekte aufmerksam machen
- Informationen nicht eingeben, sondern erfragen
- Teilnehmerbeiträge nicht bewerten (auch nicht loben)
- sich bei Kritik nicht rechtfertigen, sondern Sachgehalt aufgreifen

Der Moderator hält sich inhaltlich ganz bewusst zurück, um den Teammitgliedern einen möglichst großen Freiraum zur inhaltlichen Arbeit zu geben. Die Methoden, die der Moderator für die Arbeit mit den Teilnehmern einsetzt, hat er speziell für diese Moderation gemäß deren Zielsetzung vorgedacht. Vor jedem Moderationsschritt erklärt er dem Team sein methodisches Vorgehen und holt dafür dessen Einverständnis ein.

Der Moderator leitet die einzelnen Arbeitsschritte durch präzise formulierte und visualisierte Fragen ein und führt die Gruppe auch im weiteren Verlauf der Arbeit vor allem durch Fragen. Fragen, die von den Teilnehmern an ihn gestellt werden und sich nicht auf das methodische Vorgehen, sondern auf Inhalte beziehen, gibt er unmittelbar an die Gruppe weiter. Teilnehmerbeiträge werden vom Moderator weder kommentiert noch bewertet. Er bemüht sich um eine möglichst neutrale Haltung. Der Einsatz eines Co-Moderators ermöglicht es, die Aufgaben der Moderatoren aufzuteilen, z. B. in Leiten der Diskussion und Visualisieren der Teilnehmerbeiträge. Dies erleichtert sowohl die inhaltliche und methodische Arbeit als auch die Konzentration auf das Gruppengeschehen.

Um professionell moderieren zu können, muss sich ein Moderator stets bemühen, die Beiträge des Einzelnen und die Inhalte insgesamt zu verstehen. Dabei bildet er sich automatisch, und ohne dass er es verhindern könnte, (s)eine Meinung zum Problem und dessen Lösung. Es ist daher stets die Gefahr gegeben, dass er sich inhaltlich einmischt, seine Neutralität verliert und Teil der Gruppe wird.

Die Gefahr, Partei für Meinungen und Personen zu ergreifen, ist bei der Moderation im Zweierteam deutlich geringer, weil die Moderatoren sich in diesem Falle gegenseitig kontrollieren und gegebenenfalls zurückholen können. Beim Arbeiten als Moderatorenteam ist es wichtig, dass sich die beiden Partner gründlich auf die Veranstaltung vorbereiten und sich in ihrem Vorgehen abstimmen. Zudem wirken zwei Moderatoren belebend auf die Gruppe, vor allem dann, wenn diese sich in ihrer persönlichen Art ergänzen. Schwierige Moderationen, wie etwa Moderation großer Gruppen oder bei konfliktträchtigen Themen, sollten in jedem Fall im Team durchgeführt werden.

Spielregeln der Moderation

Regeln sind gewonnene Erfahrung. Sie sollen Hilfestellung geben. Wenn eine Regel in der aktuellen Situation nicht hilfreich ist oder nicht von allen akzeptiert wird, verliert sie hier ihre Existenzberechtigung. Mit anderen Worten: Halten Sie sich nicht sklavisch an den Regeln der Moderation fest, sondern ignorieren Sie diese im Bedarfsfall. Getreu dem Motto: Die Ausnahme bestätigt die Regel! Im Folgenden finden Sie die wichtigsten praxisbewährten Regeln für die Durchführung einer Moderation:

1. Einwände haben Vorrang

    Einwände wie Vorbehalte, Ärger etc. verhindern effektives Arbeiten und müssen daher sofort aus der Welt geschafft werden.

2. Jeder ist für den Erfolg verantwortlich

    Denken Sie an Ihre eigene Rolle als so genannter Prozessberater und machen Sie deutlich, dass der Erfolg der Moderation nicht von Ihnen allein abhängt.

3. Jeder spricht für sich

    Jeder Teilnehmer soll nur für sich selbst und dies am besten in so genannten Ich-Botschaften sprechen. Interpretationen sind zu vermeiden und durch direktes Nachfragen zu ersetzen.

4. Es spricht immer nur einer und zwar kurz

    Diese wichtige Regel soll allen Anwesenden eine aktive Teilnahme ermöglichen und Vielredner stoppen. Es entsteht kein Durcheinander.

Die Moderationskarten sollten ausschließlich nach dem folgendem einheitlichen System verwendet werden:

- Wolken für Themenbereiche
- runde Karten für Überschriften
- Überschriften durch Farbe hervorheben
- rechteckige Karten für Themenstichworte
- ovale Karten für Kommentare und Widersprüche
- pro Karte nur ein Gedanke mit maximal 3 Zeilen
- gut lesbare Schrift mit Groß- und Kleinbuchstaben
- Maximal drei Farben pro Moderationswand
- Moderationswände übersichtlich gestalten
- Karten von links nach rechts anpinnen
- Karten von oben nach unten anpinnen
- zwischen den Karten etwas Platz lassen

Die drei Aspekte der Vorbereitung

Der Erfolg einer Moderation hängt entscheidend von deren Planung ab. In der Praxis ist es natürlich nicht immer möglich, zeitlich umfassend zu planen. Trotzdem, oder gerade deshalb, sollte den folgenden Aspekten so viel Aufmerksamkeit wie möglich geschenkt werden, um sich die Chance auf eine erfolgreiche Veranstaltung nicht entgehen zu lassen.

Inhaltliche Vorbereitung: Zur Vorbereitung einer Moderation müssen zumindest das Gesamtthema und die Gesamt- bzw. Grobzielsetzung formuliert werden, um darauf aufbauend ein geeignetes methodisches Konzept entwerfen zu können. Sind Einzelthemen bereits vorab festgelegt, so ist das Ziel für jedes der verschiedenen Themen zu formulieren.

Das zentrale Element einer Moderation sind die Teilnehmer, die zusammenkommen, um Themen zu bearbeiten, von denen sie in irgendeiner Form betroffen sind. Die Zusammenkunft wird also von den Teilnehmern geprägt werden. Deshalb ist es wichtig, zur Vorbereitung der Veranstaltung zu wissen, wer mit welcher Intention dabei sein wird.

Methodische Vorbereitung: Jedes Vorplanen einer Moderation ist ein „Planen des Unplanbaren", d. h., dass der Moderator nicht im Voraus wissen kann, was in der Gruppe geschehen wird. Da Moderation aber ein stark methodenorientiertes Vorgehen ist, steht und fällt die Gruppenarbeit mit der Methodik. Es ist deshalb besonders wichtig, sich methodisch gut vorzubereiten.

Die zentrale Technik der Moderation ist neben der Fragetechnik die Visualisierung. Hierzu muss in aller Regel vorbereitend schon etwas getan werden. Der Moderator entscheidet, welche Plakate, Flipcharts, Karten etc. er entsprechend der gewählten Vorgehensweise vorab vorbereiten kann bzw. muss, vermerkt dies in seinem Moderationsplan und bereitet die benötigten Visualisierungen vor.

Persönliche Vorbereitung: In punkto persönlicher Vorbereitung geht es darum, im Grunde wie ein Sportler bewusst darauf zu achten, dass man seine Potenziale zum richtigen Zeitpunkt auch zu Verfügung hat.

Je wichtiger die Moderation, desto wichtiger ist es auch, auf körperliche Fitness zu achten. In der Regel fördert es die Konzentration, wenig zu essen, ausreichend Pausen einzuplanen und nicht jede freie Minute mit den Teilnehmern zu verbringen, um zwischendurch etwas Zeit zur Reflexion und Regeneration zu haben.

Äußerst hilfreich kann es sein, die Ereignisse in der Planungsphase anhand des Moderationsplanes ganz konkret vor seinem geistigen Auge ablaufen zu lassen, sich in die Situation hineinzufühlen, sich einzuhören und an den Stellen, wo man sich nicht sicher ist, ob man gut genug vorbereitet ist, nachzubessern. Der Moderator sollte sich, wenn irgendmöglich, vorab mit den Örtlichkeiten vertraut machen und sich auf diese Weise Heimvorteil verschaffen. Jeder Ort hat seine Besonderheiten. Er fördert oder hemmt die Arbeitsatmosphäre. Zeitiges Kennenlernen der Räumlichkeiten gibt die Chance, das Beste aus der gegebenen Situation zu machen.

Umgang mit Störungen

Störungen können ihre Ursache schon vor der Moderation haben; sie werden dann als Konflikte in den Gruppenprozess hineingetragen. Aber es gibt auch Konfliktursachen, die erst in der aktuellen Gruppensituation entstehen. Was auch immer im konkreten Fall Ursache eines Konfliktes sein mag, das Wichtigste ist, dass der Moderator eine Störung frühzeitig erkennt und bearbeitet, um dadurch größeren Schaden verhindern zu können. Doch woran erkennt man einen Konflikt? Während ein offener Konflikt erkennbar ist, lässt sich ein (noch) verdeckter Konflikt nicht direkt beobachten. Er kann nur aus folgenden beobachtbaren Verhaltensweisen der Gruppenmitglieder erschlossen werden:

- Der Einzelne engagiert sich nicht in der gemeinsamen Arbeit.
- Argumente werden mit großer Heftigkeit vorgetragen.
- Mitglieder sind ungeduldig miteinander.
- Gruppenmitglieder sind nicht (mehr) bereit, aufeinander einzugehen.
- Teilnehmer äußern Zweifel am Sinn der Gruppensitzung.
- Es sind subtile persönliche Angriffe gegeneinander erkennbar.

Auch schwierige Situationen meistern zu können, gehört zu einer professionellen Moderation. Für eine Reihe typischer schwieriger Situationen bieten sich folgende Vorgehensweisen zur Bearbeitung an:

Die Gruppe ist falsch zusammengesetzt: Moderierte Arbeit geht davon aus, dass zur Lösung von Problemen jeweils die richtigen Leute zusammenkommen, und das sind jeweils die Betroffenen. Stellt der Moderator fest, dass eine entscheidende Person fehlt oder statt dessen Leute anwesend sind, die inhaltlich kaum Ahnung haben, so muss er die Arbeit unterbrechen, dieses Dilemma zum Thema machen und mit der Gruppe nach einer Möglichkeit für eine sinnvolle (Weiter-)Arbeit suchen.

Die Gruppe akzeptiert den vom Moderator aufgezeigten Weg nicht: Wenn die Gruppen den vom Moderator vorgeschlagenen Weg zur Problembearbeitung nicht akzeptiert, macht es keinen Sinn, gegen diesen Widerstand zu arbeiten. Ganz im Gegenteil. Aber Achtung: Nicht ohne Not die eigene Methodik in Frage stellen! Allzu leichtes Nachgeben führt möglicherweise zu einer (unnötigen) Methodikdiskussion. Dabei ist es im konkreten Fall unumgänglich, nach den Gründen für die Ablehnung zu fragen und dann abzuwägen, was der bessere Weg ist. Auf jeden Fall muss der Moderator eine Konfrontation zwischen sich und der Gruppe vermeiden und gemeinsam mit der Gruppe den Weg suchen, der nun gegangen werden soll. Dies ist letztlich vielleicht doch der vom Moderator vorgeschlagene.

Die Gruppe dreht sich im Kreis: In diesem Fall ist es das Beste, neu zu starten. Der Moderator kann hierzu die Situation offen ansprechen: „Ich habe den Eindruck, wir drehen uns im Kreis. Ich schlage deshalb vor, wir unterbrechen die Arbeit an dieser Stelle und versuchen nach einer kurzen Pause mal was anderes - o. k. ?"

Die Gruppe gerät in Zeitnot: Bevor eine moderierte Gruppensitzung organisiert wird, wird der Zeitbedarf dafür geschätzt und die Planung darauf abgestimmt. Trotzdem kann es passieren, dass die Gruppe in Zeitnot gerät. Der Moderator sollte die Gruppe darauf aufmerksam machen, wenn er merkt, dass die Zeit knapp wird. Die Gruppe kann dann in Ruhe überlegen, wie sie damit umgehen will. Sie kann etwa

- den Zeitrahmen für die Moderation verlängern,
- Arbeitspakete an Untergruppen geben,
- eine Folgeveranstaltung vereinbaren.

In der Gruppe gibt es persönliche Angriffe: Kommt es in der Gruppe zu persönlichen Angriffen in Form von unsachlichen oder emotionalen Äußerungen gegenüber anderen Gruppenmitgliedern oder dem Moderator, sollte der Moderator versuchen, den entsprechenden Beitrag zu versachlichen. Dies bedeutet nicht, dass er mit einer Zurechtweisung oder einem Gegenangriff reagiert, sondern den Beitrag ernst nimmt und hinterfragt, wie denn das Gesagte zu verstehen sei, was damit gemeint sei oder wo der Sprecher den Zusammenhang zum Thema sehe, was die Gruppe nun damit anfangen solle etc..

Ziel ist es, den Betroffenen bewusst zumachen, dass der Moderator dieses Verhalten nicht dulden wird. Reicht dies nicht aus, hat der Moderator drei Möglichkeiten:

- Die Situation sofort in und mit der Gruppe klären.
- Die Gruppenarbeit mit einer Pause unterbrechen.
- In der Pause die Situation mit den betroffenen Personen klären.

Die Teilnehmer kommen und gehen: Bei betriebsinternen Moderationen kommt es vor, dass Teilnehmer aus den verschiedensten Gründen kurz mal weg müssen oder die Pausen nicht einhalten. Wenn dies wiederholt vorkommt, muss der Moderator eine Störung anmelden, bevor sich dies Verhalten als Regel etabliert. Er sollte die Situation sofort klären.

Ein Vielredner dominiert die Gruppe: Es kommt häufig vor, dass in einer Gruppe ein so genannter Vielredner sitzt. Der Moderator muss in diesem Fall gezielt gegensteuern. Er kann hierzu zum Beispiel:

- die Fragetechnik gezielt einsetzen, um auf den Punkt zu kommen
- den Kerngedanken des Beitrages mitvisualisieren
- die Gruppe zum Gesagten Stellung nehmen lassen
- die Beiträge unterbrechen und zu verkürzen versuchen
- den einen oder anderen Beitrag erst gar nicht zulassen

Nutzen Sie Ihre Chance erfolgreich und charmant zu moderieren. Ob bei außergewöhnlichen Projekten oder in der regelmäßigen Teambesprechung. Gerade bei heißen Diskussionen oder scheinbar unlösbaren Problemen werden Sie mit der Moderationstechnik schnell zu einem erstaunlich guten Ergebnis kommen.

Probieren Sie es selbst aus: Sie werden sehen, die Teilnehmer hören schnell auf zu diskutieren und zu streiten und wenden sich stattdessen der Moderationswand zu. Auch hartnäckige Streithähne werden plötzlich konstruktiv, weil Sie dort ihr Gesagtes ruhig und souverän aufschreiben. Im Idealfall finden alle gemeinsam eine Lösung – weil Ihre Visualisierungen deutlich machen, welches ein sinnvoller Weg ist. Das Beste daran: Teilnehmer haben das Gefühl, alles selbst erarbeitet zu haben und Sie starten garantiert nicht ins Ungewisse.

Verhandeln:
Die hohe Schule der Gesprächsführung

*"Gute Verhandlungstaktik besteht darin, die
Antworten zu provozieren, die man haben will."*
(Hans Habe)

Beruflich wie privat spielen Verhandlungen eine wichtige Rolle. Verhandeln ist ein wechselseitiger Anpassungsprozess mit dem Ziel, eine Übereinkunft zu erreichen, wenn man mit der anderen Seite sowohl gemeinsame als auch gegensätzliche Interessen hat.

Der Verhandlungserfolg ist entscheidend davon abhängig, ob strategisch geschickt verhandelt wird. Psychologische, fachliche, kommunikative und emotionale Kompetenz bilden die Eckpfeiler des Verhandlungserfolgs. Der Umgang mit schwierigen Verhandlungspartnern erfordert Fingerspitzengefühl und sicheres Auftreten. Mit der richtigen Strategie, unterschiedlichen Taktiken und mit rhetorischem Geschick lässt sich auch eine aussichtslos erscheinende Verhandlung erfolgreich abschließen.

Empfehlungen des Harvard-Konzeptes

Viele Menschen kennen nur zwei Verhandlungsarten: „die harte" und „die weiche". Wer weich verhandelt, möchte persönlichen Konflikten aus dem Weg gehen. Er läuft allerdings Gefahr, schnell ausgenutzt zu werden. Wer hart verhandelt, möchte um jeden Preis seine eigenen Ziele durchsetzten. Oftmals nimmt daraufhin die andere Seite die selbe Position ein und es werden keine zufriedenstellenden Lösungen erzielt.

Das Harvard-Konzept verkörpert einen dritten Weg, den man weder als hart noch als weich bezeichnen kann, sondern eher als „strategisch" und „lösungsorientiert". Beide Parteien müssen auf den gegenseitigen Nutzen hinarbeiten und Differenzen über Prinzipien entscheiden, die den Vorstellungen beider Seiten entsprechen. Das Harvard Konzept ist somit „hart in der Sache, aber freundlich im Ton".

Verhandlungen werden teilweise als Kampf angesehen. Am Ende einer langen Diskussion gibt es dann Gewinner und Verlierer. Verhandlungsführung bedeutet jedoch: Ich habe ein Ziel und ich möchte dieses Ziel erreichen. Optimale Ergebnisse erfüllen die legitimen Interessen beider Seiten und bieten eine nutzenorientierte Lösung. Nutzen Sie die Empfehlungen des Harvard-Konzeptes!

Die Besonderheit des Harvard-Konzepts liegt in seiner Einfachheit. Beachten Sie die vier Grundprinzipien, die diese Methode kennzeichnen, so werden unterschiedliche Standpunkte mit höchstmöglicher Effizienz gelöst. Zudem ist ein zufriedenstellendes Ergebnis für beide Parteien gegeben. Ein zweiter Vorteil liegt in der Vielseitigkeit des Harvard-Konzepts. Es kann angewendet werden, wenn es um anspruchsvolle Objekte geht, aber auch wenn der Kunde um einen günstigen Preis feilscht.

Das Konzept basiert auf folgenden vier Grundprinzipien:

1. Ziele und Personen getrennt voneinander behandeln
2. Nicht Positionen, sondern Ziele in den Mittelpunkt stellen
3. Verschiedene Lösungsalternativen entwickeln
4. Das Ergebnis auf objektiven Entscheidungskriterien aufbauen

Ziele und Personen getrennt voneinander behandeln: Dieser Punkt bezieht sich auf die Tatsache, dass Menschen emotionale und subjektiv denkende Wesen sind. Bevor ein Problem also gemeinsam gelöst werden kann, müssen beide Sichtweisen erläutert und verstanden werden.

Nicht Positionen, sondern Ziele in den Mittelpunkt stellen: Der zweite Punkt soll die Beeinträchtigungen beseitigen, die durch die Konzentration auf Positionen entstehen, damit bei der Verhandlung die jeweils dahinter stehenden Interessen befriedigt werden können.

Verschiedene Lösungsalternativen entwickeln: Dies bedeutet, dass man nicht krampfhaft nach der einen richtigen Lösung suchen soll. Besser ist es, wenn man sich Zeit nimmt und verschiedene Lösungsansätze erarbeitet, die die Bedürfnisse beider Parteien befriedigen.

Das Ergebnis auf objektiven Entscheidungsprinzipien aufbauen: Lässt der Verhandlungspartner nicht mit sich reden und ist nur von der eigenen Meinung überzeugt, so ist es sinnvoll, auf die Verwendung von neutralen Beurteilungskriterien zu bestehen.

Sorgen Sie für eine zielorientierte, effiziente und strategische Verhandlungsführung, indem Sie folgende Aspekte beherzigen:

Straffen Sie die Kontaktphase! Die Eröffnung einer Verhandlung bestimmt auch ihren Verlauf und das Ende!

Sagen Sie zu Beginn, worum es geht, was Sie wollen und welche Punkte Sie ansprechen möchten: Ihre Verhandlung verkürzt sich!

Fassen Sie sich kurz: Schließen Sie die Verhandlung ab, sobald das Verhandlungsziel erreicht ist!

Notieren Sie sofort Daten, Aktivitäten und Termine, die sich aus der Verhandlung ergeben: noch sind die Informationen frisch!

Fassen Sie das Verhandlungsergebnis und vereinbarte Maßnahmen und Aktivitäten am Ende zusammen!

Verhandeln heißt, Interessen angleichen. Wenn wir unterschiedliche Verhandlungen miteinander vergleichen und im Hinblick auf Gemeinsamkeiten untersuchen, so merken wir bald, dass es sich hier immer um sehr zielgerichtete Gespräche handelt. Schon das Wort selbst verrät ja, worum es dabei primär geht. Verhandeln zielt auf Handeln ab, auf eine Entscheidung, einen gemeinsam getragenen Beschluss mit verbindlichen Konsequenzen. Je weiter die Positionen auseinander liegen, desto stärker ist die Notwendigkeit zum beiderseitigen Entgegenkommen. Das setzt natürlich die Bereitschaft dazu voraus. Schließlich gehört zu einer Verhandlung, die diesen Namen verdient, auch ein Verhandlungsspielraum bei beiden Partnern, also die Möglichkeit, Abstriche vom eigenen Konzept zu machen, dem anderen entgegenzukommen. Das bedeutet, sich mit folgenden Themen auseinander zu setzen:

- Wählen Sie den richtigen Zeitpunkt.
- Halten Sie wichtige Unterlagen bereit.
- Informieren Sie sich über Sachlage und Verhandlungspartner.
- Welche wichtigen Daten fehlen Ihnen noch?
- Machen Sie sich den Grund Ihrer Verhandlung klar.
- Welches Ziel wollen Sie konkret erreichen?
- Bereiten Sie sich auf Einwände vor.
- Halten Sie eine Unterlage für Notizen bereit.

Wer erfolgreich verhandeln möchte, muss seine Aktivitäten ganz in den Dienst dieser Idee stellen. Zielorientiertes, partnerschaftliches Denken, Flexibilität und Anpassungsbereitschaft müssen das weithin vorherrschende operative Denken ersetzen. Fragen Sie sich: Gelingt es, die Vorteile meiner Persönlichkeit und meiner Ziele so darzulegen, dass der Partner sie als einen Nutzen akzeptiert? Optimieren Sie Ihre Anstrengungen und stellen Sie sich die folgenden Fragen, um erfolgreich zu sein:

- Wie kann ich meine Verhandlung wirkungsvoll vorbereiten?
- Wie komme ich am besten an den Verhandlungspartner heran?
- Was könnte meinen Verhandlungspartner interessieren?

- Was wäre für mich interessant, wenn ich der Partner wäre?
- Wie sind die bisherigen Gewohnheiten?
- Welche Checklisten soll ich vorbereiten und einsetzen?
- Wie kann ich den Nutzen am besten verdeutlichen?
- Wie kann ich möglichen Einwänden am besten begegnen?

Ihre Verhandlungsführung muss sitzen. Darum fragen Sie sich: Was würde mein Interesse sofort wecken, wenn ich selbst an der Stelle meines Verhandlungspartners wäre? Bereiten Sie möglichst viele Nutzenargumente vor, und suchen Sie nach Wegen, den Partner schnell zu überzeugen. Wie eine Verhandlung abläuft, ist so zum Großteil schon vorher festgelegt worden. Struktur und mögliche Inhalte sind verbindlich programmiert. Ebenso klare Ziele, Vorgaben, Planung, Problemklärung und der Umgang mit typischen Einwänden. Übersetzen Sie Ihre Argumentation in all ihre nutzenorientierten Komponenten und Eigenschaften. Auf jeden Fall sollte der Verhandlungspartner zuerst den Nutzen, der sich für ihn ergibt, verstanden und akzeptiert haben. Den Nutzen können Sie auch anhand der folgenden Fragen beantworten:

- Welche Möglichkeiten nutzt mein Verhandlungspartner nicht?
- Was fehlt oder entgeht ihm bisher?
- Welche Lösung kann ich ihm daraufhin anbieten?
- Was kann er zusätzlich nutzen?
- Was bringt es oder was spart es ihm in Zukunft?

Befassen Sie sich außerdem mit den folgenden Punkten intensiv und eingehend. Lassen Sie sich alle sechs Fragen durch den Kopf gehen. Sie können dadurch ein vorläufiges strategisches Verhandlungskonzept entwickeln, das in jeder Verhandlung sehr hilfreich sein wird.

1. Wo liegt mein ganz persönliches Interesse?
2. Woran ist mein Verhandlungspartner interessiert?
3. Wo könnten sich unsere Interessen berühren?
4. Wie kann ich dem Interesse meines Partners Rechnung tragen?
5. Unter welchen Voraussetzungen könnte es gelingen, dass mein Partner meine Interessen auch als seine ansieht?
6. Wie kann ich meinem Partner gegebenenfalls entgegenkommen, um mich in der Hauptsache durchzusetzen?

Und nach der Verhandlung fragen Sie sich: Ist es mir gelungen, meine Verhandlungsziele zu erreichen? Optimieren Sie Ihre Verhandlungsführung. Dazu gehören eine systematische Analyse und Nachbereitung.

- Was ist besonders gut gelaufen?
- Was ist nicht gut gelaufen?
- Auf welche Punkte muss ich besonders achten?
- Wie bin ich an meinen Verhandlungspartner herangekommen?
- Was hat meinen Verhandlungspartner besonders interessiert?
- Was sind typische Gewohnheiten und Marotten?
- Welche Unterlagen sollte ich stärker einsetzen?
- Wie bin ich in den einzelnen Phasen vorgegangen?
- Wie kann ich Einwänden noch besser begegnen?

Erfolgreiche Preisverhandlungen

Haben Sie keine Angst vor der Preisverhandlung! Über den Preis wird in jeder Verkaufs-Verhandlung gesprochen. Die meisten Verkäufer kommen trotzdem nicht gerne auf ihn zu sprechen. Das liegt daran, dass sie den Preis als Argument betrachten. Das ist er nicht. Wenn Sie den Preis nennen, dann tun Sie es mit souveräner Selbstverständlichkeit.

Das optische Wahrnehmungsvermögen ist bei den meisten Menschen ausgeprägter als das akustische. Deswegen ist das Preisgespräch besonders erfolgreich, wenn Sie gleichzeitig Ihre Leistungen anschaulich demonstrieren oder skizzieren. Bereiten Sie sich auf Preisgespräche besonders gut vor. Dazu gehört auch, dass Sie die genaue Kalkulation kennen.

Den Preis keinesfalls zu Beginn einer Verhandlung nennen!
Der Preis ist kein Argument, sondern das Ergebnis Ihrer Argumente!
Sie selbst müssen von Ihren Leistungen überzeugt sein!

Geben Sie nicht auf, wenn der Verhandlungspartner Nein sagt. Schweigen Sie einfach und suchen Sie intensiven Blickkontakt zum Verhandlungspartner. Meistens beginnt er von sich aus mit einer Erklärung. Denn sein Nein kann verschiedene Ursachen haben:

„Wir bevorzugen zur Zeit eine andere Lösung." (heißt jetzt nicht)
„Ihr Vorschlag ist nicht detailliert genug." (heißt so nicht)
„Egal was Sie noch sagen, es bleibt beim Nein." (heißt wirklich nicht)

Je nach Antwort können Sie nun weiter agieren. Im Gespräch hört sich das dann beispielsweise so an: „Was müsste denn geschehen, damit Sie sich für uns entscheiden können?" Oder: „Schade, ich hätte sehr gerne mit Ihnen zusammengearbeitet. Unter welchen Vorraussetzungen ist das noch möglich?" Wenn der Verhandlungspartner weiterhin zögert, legen Sie ein zweites Mal nach: „Schade, ich hätte mir das wirklich gut vorstellen können." Danach machen Sie eine hörbare Pause.

Treten Sie immer selbstbewusst auf. Und: Erhalten Sie sich auch in dieser Phase das Gespür dafür, wann es zu viel ist. Ein Profi merkt genau, wann ein Nein ‚noch nicht' bedeutet – und wann es endgültig ist. Vor allem: Er reagiert nie beleidigt. Ein Nein sollte also immer eine Verhandlungsoption sein und niemals ein Zeichen der Niederlage. Geben Sie wenn, dann mit einem Lächeln auf! Sobald der Verhandlungspartner bereit ist, ist sofort der Abschluss einzuleiten! Beispielsweise durch:

Motivationsfrage: *Prima, dann sind wir uns ja einig, oder?*
Als-ob-Frage: *Es sieht so aus, als ob wir eine Lösung gefunden haben?*
Direkte Frage: *Was halten Sie von einem sofortigen Vertragsabschluss?*
Suggestivfrage: *Glauben Sie nicht, dass sich die Sache für Sie lohnt?*
Wenn-Frage: *Wenn wir . . . erfüllen, sind Sie dann überzeugt?*
Alternativfrage: *Wollen Sie lieber ... oder wäre ... für Sie besser?*
Detail-Abschluss: *Ab wann genau kann es denn frühestens losgehen?*
Bedingungsfrage: *Was müssen wir tun, damit wir zusammenarbeiten?*

Bei Abschlussfragen geht die Stimme am Ende des Satzes nicht nach oben, sondern nach unten. Die Abschlussfrage selbst wird von einem positiv stimulierenden Kopfnicken begleitet. Das drückt Stärke und Zuversicht aus. Den Abschluss einer Verhandlung zeigt ein Profi durch seinen veränderten körpersprachlichen Ausdruck an: Er setzt sich aufrecht und sucht intensiven Blickkontakt.

Neukundengewinnung: Mit Konsequenz zum Erfolg

„Es gibt viel mehr Leute, die freiwillig aufgeben, als solche, die echt scheitern."
(Henry Ford)

Produkte und Dienstleistungen verkaufen sich nicht von selbst. Unternehmen, die auch in Zukunft wachsen wollen, investieren schon seit langem in eine systematische Neukundengewinnung. Ohne die ist ein Wachstum in vielen Branchen gar nicht mehr möglich. Aber ohne eine systematische Struktur mit konkreten Zielvereinbarungen und Ziel-Ergebnis-Analysen sind Aktivitäten zum Scheitern verurteilt. Auf den folgenden Seiten erhalten Sie konkrete Tipps und Anregungen, wie Sie die Neukundengewinnung für Ihr Unternehmen noch zielorientierter und professioneller vorbereiten und durchführen können.

Konsequente Vorgehensweise

Betreiben Sie Neukundengewinnung nach einem festen Programm. Folgende Vorgehensweise hat sich in der Praxis bewährt und zu messbaren Umsatzsteigerungen geführt:

1. Recherche: Jeder Außendienstmitarbeiter benennt mindestens 15-20 potenziell attraktive Neukunden aus seinem aktuellen Verkaufsgebiet (Recherchemöglichkeiten: Innungslisten, Telefonbuch, HWK, WLW, Google, regionale Handwerkerportale, kommunale Branchenbücher, regionale Stellenportale etc.). In Abstimmung mit der Abteilungs-/Regionalleitung kann es sich dabei auch um Firmen handeln, die in den letzten 24 Monaten keine Umsätze getätigt haben.

2. *Bonitätsüberprüfung* durch Creditreform oder einen vergleichbaren Dienstleister.

3. *Neukundenbriefe:* Versand der Neukundenbriefe (Brief mit einer Ankündigung des telefonischen Erstkontaktes) nach der AIDA-Formel. Die Briefe werden differenziert nach Kundenzielgruppen wie zum Beispiel Industrie, Handel und Dienstleistung.

5. *Anrufaktion zur Terminvereinbarung:* Die Mitarbeiter treffen sich zu einer gemeinsamen Anrufaktion, die auch als aktives Live-Training durchgeführt werden kann. Hohe Erfolgsquote durch besondere Gruppendynamik mit Wettbewerbscharakter und Teamcoaching.

6. *Terminbestätigung:* Die Kunden mit Terminwunsch erhalten ein vorbereitetes Terminbestätigungsschreiben (optional). Kunden mit Negativmeldung (kein Termin) werden innerhalb der folgenden drei Monate besucht (Kaltakquise).

7. *Kunden-Erstgespräch Coaching* (optional) durch erfahrene Verkäufer,

im Team oder einen Verkaufstrainer zur intensiven Vorbereitung des Erstkunden- bzw. Kaltakquisegespräches.

8. *Dokumentation:* Alle Aktivitäten werden genau dokumentiert. Jeder Mitarbeiter erfasst zusätzlich seine Kontakte, Kontaktversuche und Neukundenaktivitäten im CRM-System oder aber in einer Excel-Tabelle „Neukundenprojekt". Die Dokumention ist aktuell zu halten und auf Anforderung der verantwortlichen Führungskraft vorzulegen.

9. *Controlling:* Die Statusüberprüfung erfolgt monatlich. Die Einstufung der Konditionen und Innendienstbetreuung erfolgt nach Absprache mit der verantwortlichen Führungskraft. Der geplante Zielumsatz und der Zielertrag je Mitarbeiter sollten differenziert angesetzt werden. Das Programm wird Thema bei jedem Vertriebsmeeting.

Weitere Aktivitäten im Rahmen des Neukundenprogramms können beispielsweise die persönliche Vorstellung des Innendienstmitarbeiters beim Kunden oder ein gemeinsamer Kundenbesuch mit dem Verkaufsleiter oder Niederlassungsleiter sein.

Leitfaden für den Außendienst

Wenn Sie sich die Frage stellen: Wie kann ich den Außendienst im Tagesgeschäft dabei unterstützen, mit Professionalität und Begeisterung neue Kunden zu gewinnen, dann erhalten Sie jetzt konkrete Tipps und Anregungen zur Umsetzung der Neukundenakquise.

Verpflichten Sie Ihren Außendienst zu einer festen Anzahl Neukundenbesuche pro Woche. Solch ein Fahrplan macht die Neukundensuche zur Gewohnheit und hilft, den inneren Schweinehund zu überwinden. Führen Sie einen Akquisitionstag ein! Lassen Sie jeden Außendienstmitarbeiter einen Wochentag als festen Akquisitionstag definieren. Dabei sollten Sie den Montag und Freitag möglichst vermeiden!

Je mehr Kontakte, umso mehr Kontrakte. Anstatt sich durch das Vielleicht oder Demnächst zaudernder Kunden zu blockieren, sollten Sie Ihre Mitarbeiter anhalten, besser auf ein eindeutiges Ja oder Nein zu pochen, um Zeit für vielversprechendere Kontakte zu gewinnen. Ein Profi-Verkäufer muss die unecht zaudernden Kunden von den ernsthaft zögernden unterscheiden. Und er handelt dementsprechend. Nur durch Training, nicht aber durch Vermeiden, lässt sich schließlich die Nein-Quote reduzieren.

Der Erfolg des Verkaufens hängt nicht von der Zahl der Stunden ab, die in die Tätigkeit investiert werden, sondern ausschließlich von der Aktivität, die in dieser Zeit entwickelt wird. Die entscheidenden Maßeinheiten für den Verkaufserfolg sind Kontakt- und Erfolgshäufigkeit.

Professionelle Vorbereitung auf die Terminvereinbarung und das Erstgespräch sind das A und O: Um das eigene Angebot aus der Perspektive des Kunden betrachten zu können, müssen die Mitarbeiter möglichst viel über den Kunden wissen. Der Erfolg eines Akquisegespräches hängt entscheidend von der Vorbereitung auf dieses Gespräch ab. Eine mangelhafte Vorbereitung lässt sich im Gespräch selbst auch durch die brillanteste Gesprächsführung nicht mehr kompensieren. Gesammelt werden können die Informationen zum Beispiel hier:

Internet: Da viele Unternehmen über eine eigene Homepage verfügen, sollte zuerst im Internet recherchiert werden.

Kammern: Fast immer sind die Unternehmen Mitglieder einer Innung oder Kammer, die zumindest über die wichtigsten Eckdaten Auskunft geben kann. Sehr häufig bieten die Kammern auch Datenbanken im Internet zur Recherche an.

Finanzsituation: Ein sehr wichtiger Aspekt für den Erfolg einer Akquise ist die finanzielle Situation eines Unternehmens. Verfügt es über ausreichendes Betriebskapital und Bonität?

Aktuelle Situation: Ideal für das Akquisegespräch ist es natürlich, wenn neben den allgemein zugänglichen Daten auch Informationen über die aktuelle Situation vorhanden sind. Das ist meist nur durch den Kontakt mit einem Insider möglich. Auf diese Weise können auch aktuelle Themen in Erfahrung gebracht werden.

Ansprechpartner: Es empfiehlt sich, jede Gelegenheit zu nutzen, um persönliche Kontakte zu knüpfen (Vorträge, Tagungen, Events). Der auf diese Weise hergestellte Kontakt führt aber nicht immer direkt zum eigentlichen Ansprechpartner. Daher sollten die Mitarbeiter sich vor einem Gespräch darüber informieren, welche Position der Gesprächspartner hat und wer sonst noch an der Entscheidungsfindung beteiligt ist.

Gesprächsleitfaden: Bei Anruf Erfolg

Zur konkreten Terminvereinbarung bzw. für den Erstkontakt am Telefon können Sie Ihren Mitarbeitern einen Gesprächsleitfaden zur Verfügung stellen, der folgendermaßen aussehen kann:

Bereiten Sie sich auf das Unternehmen sehr gut vor.
Sie benötigen dazu unbedingt den Vornamen, den Namen und die genaue Funktion des gewünschten Ansprechpartners.

Seien Sie von Anfang an aufmerksam und konzentriert.
Eine Person meldet sich. Merken Sie sich sofort den Namen oder fragen Sie nochmals nach. Notieren Sie sich auf jeden Fall den Namen.

Sprechen Sie die Person immer mit Namen an.
Sagen Sie: z. B: „Guten Tag, Name, mein Name ist ..., ich möchte gerne Herrn (Vorname) Name sprechen." Melden Sie sich grundsätzlich mit „Vorname, Name" (das ist persönlicher)!

Persönliche Anrede: „Sind Sie so nett und stellen mich zu dieser Person (Namen) durch!" - „Sind Sie so nett und geben mir die Durchwahl der Person (Namen)!" - „Wann kann ich Ihrer Meinung nach die Person (Namen) erreichen (Zeit)?"

Argumente, wenn Sie abblockt werden:
„Es geht um meinen Brief an Herrn (Vorname) Name vom Datum."
„Ich habe einen interessanten Vorschlag für Ihren Herrn (Vorname) Name."

Kontakt mit dem gewünschten Ansprechpartner
Mit Ihrer kurzen persönlichen Vorstellung bauen Sie eine Beziehung auf. Sagen Sie sofort deutlich, dass Sie den Kunden persönlich kennenlernen möchten.

Einwandbehandlung
Seien Sie immer auf Einwände vorbereitet und beherrschen Sie die Einwandbehandlung wie z. B. Paraphrasieren (positiv Rückmelden), Kontrollfragen („Habe ich Sie richtig verstanden, dass..."), Schweigen (rhetorische Pause). Bleiben Sie immer hartnäckig und drehen gegebenenfalls noch eine Ehrenrunde.

Bleiben Sie konsequent: „Herr Name, ich möchte jetzt mit Ihnen einen Termin vereinbaren." - „Passt Ihnen der Montag oder der Mittwoch nächster Woche besser?" - „Ist Ihnen 10.30 Uhr angenehm oder lieber am Nachmittag um 14.30 Uhr?"

Wenn Sie einen Termin vereinbaren möchten, können Sie auch folgendergmaßen vorgehen: „Was halten Sie davon, wenn wir jetzt gemeinsam einen Termin vereinbaren (rhetorische Frage)? Möglich ist es in dieser Woche am Donnerstag oder gerne auch, wenn es sich von Ihrem Terminplan besser einrichten lässt, Anfang nächster Woche am Dienstag. Ist es Ihnen von Ihrem Tagesablauf lieber am Vormittag um 9.30 Uhr (nicht 10.00 Uhr) oder lieber am Nachmittag bei einer Tasse Kaffee?"

Bei diesem doppelten Vereinbarungsvorschlag (Psycho-Logik) werden zwei Tage und zwei Zeiten zur Auswahl gestellt, wobei die erste Alternative sehr präzise genannt wird, während die zweite Alternative nur allgemein angesprochen wird. Sie bestimmen den Termin! Lassen Sie sich nicht abwimmeln!

Gesprächsabschluss
Beenden Sie das Gespräch positiv und bedanken Sie sich - immer!
„Danke Herr (Name). Ich freue mich auf das Gespräch mit Ihnen."

Versteckte Potenziale nutzen: Empfehlungen

Empfohlenes Geschäft ist quasi schon vorverkauft. Eine Empfehlung führt bei dem, der sie erhalten hat, zu einer positiven Wahrnehmung, zu Gesprächsbereitschaft und zu schnellen Entscheidungen. Oft auch zu höherer Preisakzeptanz und zu Loyalität. Wer heute nicht empfehlenswert ist, ist morgen nicht mehr kaufenswert und übermorgen tot.

Eines der wichtigsten Ziele sollte es sein, den Anteil der Kunden, die aufgrund einer Empfehlung gewonnen werden, stetig zu erhöhen. Empfohlen werden jedoch nur Produkte und Leistungen, die wirklich auch überzeugend sind. Vertrauen und Sympathie spielen darüber hinaus eine wichtige Rolle. Denn Kunden empfehlen nur den, dem sie auch vertrauen und den sie leiden können. Hier exemplarisch die magischen sieben Tipps, wie Sie sich positiv ins Gespräch bringen:

1. Sich bemerkenswert machen. Dazu legen Sie sich eine pfiffige Vorstellung zurecht, die gut in Erinnerung bleibt und über die gesprochen wird. Ein sehr bekannter mittelständischer Unternehmer macht das so: „Mein Name ist W. M., darf ich Ihnen den kleinsten Katalog der Welt überreichen?" Dann erfolgt die Übergabe einer Visitenkarte mit Produktabbildungen auf der Rückseite.

2. Kunden um Empfehlungen bitten. Wie das geht? Der Verkaufsleiter eines Großhändlers für Haustechnik macht das so: „Übrigens, wenn Sie mit uns zufrieden waren, dann sagen Sie es doch bitte weiter. Und falls Sie mal nicht zufrieden sind, dann sagen Sie es bitte gleich mir. Und bitte vergessen Sie nicht auf Ihrer Webseite einen Link zu platzieren."

3. Die Duale Visitenkartenmethode: Dabei überreichen Sie zu Beginn einer Begegnung eine erste Visitenkarte und legen am Ende immer eine zweite dazu. Verbunden mit der Bitte, diese bei Gelegenheit an eine interessierte Person weiterzugeben. Dabei können Sie auch anbieten, bei etwaigen Interessenten selbst einmal anzuklopfen.

4. Die Duale Mailingmethode: Wenn Sie Mailings versenden, erwähnen Sie dabei systematisch eine Kundengruppe, für die das Angebot ebenfalls interessant sein könnte. Das klingt dann etwa so: „Wenn Sie und einer Ihrer Geschäftspartner sich für uns entscheiden, erhalten Sie eine VIP-Einladung zum Spiel VfL Wolfsburg gegen Bayern München".

5. Sich in sozialen Netzwerken engagieren: So können Sie in Internetforen aktiv werden und dort Ihre sachkundige Meinung vorbringen. Fachlich passende Beiträge in Blogs, bei Facebook und Google+ können Sie kommentieren oder Sie beginnen zu twittern. Eine ganz wichtige Regel dabei: Durch Fachkompetenz glänzen.

6. Kunden um Referenzen bitten: Dabei geht es um ein paar Zeilen über die Qualität der Zusammenarbeit. Sie können gar nicht genug solcher Referenzen haben. Diese können Sie in Angeboten, Prospektmaterial, Werbemailings und auf der Webseite unterbringen.

7. Herausragende Projekte öffentlich machen: So können Sie beispielhafte Fallstudien auf der eigenen Webseite beschreiben oder journalistisch aufbereitet an die Medien weitergeben. Jeder Pressebericht ist wie eine Empfehlung. Über Projekt-Highlights lassen sich auch ansprechende Spots drehen. Diese kann man dann auf der eigenen Webseite und auf einschlägigen Portalen hochladen.

Wichtig ist, den Empfehlungserfolg zu kontrollieren. Dazu werden alle loyalen und bestehenden Kunden nach ihrer Weiterempfehlungsbereitschaft befragt und alle neuen Kunden werden befragt, wie sie auf das jeweilige Angebot und das Unternehmen als solches aufmerksam wurden. So ermitteln Sie konsequent Ihren Empfehlungserfolg.

Vertriebsoptimierung:
Besser sein als alle anderen

*„Die beste Sprache ist immer
jene des Kunden."*
(Anton Fugger)

Viele Unternehmen wissen nicht, was ihre Kunden erwarten. Deshalb entwickeln sie so genannte Kundenbindungsinstrumente und überschütten ihre Kunden mit Kundenkarten, Magazinen und Infolettern und vielem mehr. Oder sie treiben Ihren Vertrieb an, mehr Kunden zu besuchen und mehr Umsatz zu machen. Sie übersehen dabei jedoch, dass dies ihre Kunden zuweilen eher verärgert als erfreut, insbesondere dann, wenn sie mit der Leistung des Unternehmens unzufrieden sind.

Die Ursache: Die Unternehmen setzen Kundenbindungsinstrumente ein, um mit ihren Kunden den Kontakt zu halten und diese an sich zu binden, ohne deren Erwartungen und Bedürfnisse ermittelt zu haben. Das erzeugt bei Kunden das Gefühl: „Die nehmen mich nicht ernst." Die entscheidende Frage ist, unter welchen Bedingungen ein Kunde eine persönliche und emotionale Nähe zu seinem Lieferanten aufbaut.

Erstens: Der Kunde muss mit dem, was die Basisleistung des Unternehmens ist, voll zufrieden sein. Also sollten Sie sich fragen: Ist der Kunde mit dieser Leistung wirklich zufrieden und bekommt er den Service, den er benötigt?

Zweitens: Wenn die Basisleistung stimmt, können Sie über weitere Maßnahmen nachdenken. Dabei lautet die Regel wie beim Networking: Eine Hand wäscht die andere! Ich darf nicht mehr fordern, als ich selbst bereit bin zu geben. Und: Sie sollten den ersten Schritt tun und in die Kundenbeziehung investieren. Deshalb gilt es zunächst herauszufinden, was den Kunden bewegt und welche Themen ihn interessieren. Denn erst dann ist es möglich, seine Gefühlswelt individuell zu erreichen.

Professionalität statt Improvisation

Wie kommen Spitzenleistungen zustande, und wie können sie erhalten werden? Der Schlüssel für Spitzenleistungen liegt in einer konsequenten Vertriebsstrategie.

Nehmen Sie sich Zeit und reflektieren Sie Ihre vertriebsstrategische Ausrichtung. Führen Sie so Ihr Team oder Unternehmen zu mehr Erfolg oder aus der Krise. Gemeinsam mit den Führungskräften im Vertrieb sowie dem Produktmanagement sollten sie auf Basis des unternehmenspolitischen Orientierungsrahmens Ihre Vertriebsstrategie mit Vision, Mission, Leistungsstandards und Grundsätzen erarbeiten.

Einen erfolgreichen Ansatz zur Umsetzung der Strategie und einem zukunftsorientierten Kundenmanagement bietet dann die Kundenwertanalyse. Am umfassendsten ist dabei die Durchführung der Kundenwertanalyse als Kundenpotenzialbewertung, die eine Kombination aus Scoring-Modell und Portfolioanalyse ist. Der im Scoring ermittelte Kundenwert kann in Beziehung zu unterschiedlichen Analysedimensionen gesetzt werden, z.B. zum relativen Lieferanteil (Share of Wallet) oder zur Kundenzufriedenheit.

Dabei liegt der Fokus auf dem Wert, den ein Kunde über seinen gesamten Lebenszyklus hinweg generiert. Basierend auf aggregierten Potenzialgrößen wie Umsatz, Deckungsbeitrag, Referenzen, Zahlungsbereitschaft oder Cross-Selling-Rate wird der Kundenwert-Index ermittelt. So läßt sich für jeden einzelnen Kunden feststellen, ob es rentabel ist, eine Geschäftsbeziehung mit ihm zu pflegen und auch zukünftig in sie zu investieren.

Der ermittelte Kundenwert dient dann zum Beispiel zusammen mit der Wettbewerbsposition beim Kunden als Kriterium für eine potenzialorientierte Kunden-Klassifizierung. Mit dem daraus resultierenden Portfolio lassen sich Prioritäten in der Kundenbetreuung neu definieren sowie Möglichkeiten für eine aktive Kundenbetreuung konsequent nutzen. Die Erkenntnisse der Kundenwertanalyse können als ein Baustein einer ganzheitlichen Marketing- und Vertriebsstrategie gesehen werden. Sie liefern Handlungsoptionen für eine gezielte Vertriebsoptimierung. Eine qualifizierte Analyse mit einer am Kundenwert orientierten Gestaltung des Marketingmixes verbessert so auch das Unternehmensergebnis nachhaltig. Die folgenden weiteren Verfahren werden heute in der Praxis außerdem zur Ermittlung des Kundenwertes eingesetzt:

Immer noch weit verbreitet ist die ABC-Analyse nach Umsatz, bei der die Kunden nach der Pareto-Regel eingeteilt werden: Die 20% umsatzstärksten Kunden sind A-Kunden, die 20% umsatzschwächsten Kunden sind C-Kunden, der Rest sind B-Kunden. Der Umsatz ist aber als alleinige Kennzahl wenig aussagefähig, da er vergangenheitsbezogen ist und wichtige Elemente des Kundenwertes vernachlässigt. Aufschlussreicher ist die ABC-Analyse, wenn auch die Kundenrentabilität über den Kundendeckungsbeitrag in die Betrachtung einbezogen wird. In diesem Kontext kann auch die Kundenzufriedenheit wichtige Erkenntnisse liefern, denn ein ertragreicher aber unzufriedener Kunde ist aufgrund der Abwanderungsgefahr anders zu bewerten als ein loyaler Kunde.

Beim Customer Lifetime Ansatz (CLA) wird nach einer Kapitalwertberechnung für die Perioden eines Kundenlebens die Profitabilität der Geschäftsbeziehung berechnet. Auch hier spielt die Kundenzufriedenheit eine große Rolle bei der Bewertung. Der CLA Ansatz wird oft empfohlen zur Bewertung längerfristiger Geschäftsbeziehungen, wie sie z. B. im Automobilhandel oder im Maschinenbau üblich sind.

Scoring Modelle vergeben für unternehmensspezifisch ausgewählte Kundenwertkriterien Punktwerte, die gewichtet und bewertet zur Kundenklassifizierung herangezogen werden. Dieses Modell betrachtet den Kundenwert nicht nur vergangenheitsorientiert über Kriterien wie Umsatz, Gewinn, Zahlungsverhalten, Lieferanteil, Kauffrequenz und Kaufwert. Es können auch zukunftsorienierte Parameter und so genannte „weiche Faktoren" in die Betrachtung einbezogen werden. Das Informations- und Innovationspotenzial kann ebenso berücksichtigt werden wie die Zahlungsbereitschaft, das Referenzpotenzial und das Cross- und Upselling-Potenzial. Diese Methode ist wegen der Vielzahl der zu treffenden Entscheidungen bezüglich der Parameter und deren Gewichtung relativ aufwändig, liefert dafür aber sehr zuverlässige Ergebnisse.

Für den RFMR-Ansatz werden die Kriterien Recency (Aktualität des letzen Kaufs), Frequency (Häufigkeit des Einkaufs) und Monetary Ratio (Kaufwert) ermittelt, um den Kundenwert zu berechnen.

Nicht jeder Kunde ist König bzw. erwartet es, als solcher behandelt zu werden. Die Kundenwertanalyse bringt es ans Licht. In der Konsequenz kann es notwendig sein, dass sich ein Unternehmen von überhaupt nicht wertvollen bzw. rentablen Kunden trennt oder bestimmte Kundengruppen nur noch eingeschränkt bedient, was sich insbesondere auch in der Besuchshäufigkeit des Außendienstes niederschlagen sollte. So genannte Call-Visit-Call-Modelle kommen hier zum Einsatz. Eine genaue Kundenwertanalyse ist zentrales Steuerungsinstrument im Kundenmanagement. Sie funktioniert aber nur, wenn sie als dynamisches System verstanden wird, das zukünftige Veränderung berücksichtigt.

Desweiteren kann eine intensivere Zusammenarbeit zwischen Innen- und Außendienst im Rahmen von Teamselling-Modellen oder Tandem-Modellen sinnvoll sein. Hierzu müssen allerdings die Voraussetzungen für eine reibungslose Zusammenarbeit von Außen- und Innendienst geschaffen werden, indem einerseits Aufgaben verteilt und abgestimmt werden und andererseits bekannte Differenzen und Vorbehalte offen angesprochen und Lösungen bzw. Regeln für die Zusammenarbeit erarbeitet werden. Es geht darum ein neues „Wir-Gefühl" zu schaffen. Tandem fahren kann man nur, wenn alle im gleichen Rhythmus sind.

Make yourself available

Standardisierte Maßnahmen wie Massenmailings können den persönlichen Kontakt nicht ersetzen. „Make yourself available", lautet der Leitsatz. Kunden müssen einen persönlichen Ansprechpartner haben. Und dieser muss sich zeigen. So nützt zum Beispiel die beste Kundenveranstaltung nichts, wenn nicht Mitarbeiter vor Ort sind, die zum Kunden bereits eine persönliche Beziehung aufgebaut haben. „Make yourself available" bedeutet erreichbar sein, die Augen und Ohren offen halten und gute Gefühle zu vermitteln. Newsletter, Kundenmagazine oder andere Instrumente des Dialogmarketings sind viel zu unpersönlich. Sie gleichen keinesfalls einen Mangel an persönlicher Betreuung und Beratung des Kunden aus.

Für alle Kunden gilt, sie sind Menschen mit Gefühlen. Das heißt, sie wollen als Person wertgeschätzt werden. Erst der Mensch, dann das Produkt. Kunden haben ein feines Gespür dafür, ob Unternehmen oder Verkäufer ein echte Gefühle für sie haben oder nur Gefühle heucheln, um einen Abschluss zu erzielen.

Nichts bindet Kunden stärker als persönlicher Kontakt und das Gefühl „Ich werde mit meinen Bedürfnissen wahr- und ernstgenommen". Oder anders formuliert: Kunden honorieren Vertrauen. Sie fühlen genau, welches Unternehmen sich ernsthaft bemüht, einen Nutzen zu bieten und seine Versprechen einzuhalten.

Überlegen Sie deshalb: Welche Kundenbindungsinstrumente sind für unsere Kunden glaubhaft? Ein Beispiel: Schickt der Vertriebsleiter seinem Kunden zum Geburtstag eine persönliche Glückwunschkarte, dann ist dies glaubhaft. Und der Kunde freut sich eventuell darüber, wenn er im persönlichen Kontakt mit dem Vertriebsleiter die Erfahrung sammelte: Das ist ein netter Mensch, der sich engagiert.

Verschickt hingegen die Marketingabteilung Geburtstagkarten, ist dies eher unglaubwürdig. Dann denken die Kunden: Spinnen die? Halten die mich für so vereinsamt, dass ich mich freue, wenn sie mir standardisierte Geburtstagsgrüße zusenden? Kunden honorieren Ehrlichkeit. Sie fühlen genau, ob Interesse nur geheuchelt ist. Um dieses Gefühl aufzubauen, benötigen Sie keine teuren Kundenbindungssysteme. Viel effektiver ist es, sich zu fragen: Was erwarten unsere Kunden wirklich? So schaffen Sie gute Gefühle bei Ihren Kunden:

Betreiben Sie aktiv Networking.
Bringen Sie Wissenswertes zum Kunden.
Bieten Sie dem Kunden einen Mehrwert.
Bleiben Sie als Unternehmen und Person authentisch.

Und bedenken Sie auch: Nicht das bessere Produkt, sondern die bessere Story gewinnt, denn gute Produkte und guten Service haben viele. Wenn Sie Ihre Kunden nicht überzeugen, wird es ein anderer tun.

Ohne Mitarbeiter ist alles nichts

Eine systematische Vorbereitung ist die Basis des Erfolges – auch im konkreten Verkaufsgespräch. Die Praxis zeigt jedoch, dass Vorbereitung und Einstimmung auf das Verkaufsgespräch vielfach nicht den notwendigen Stellenwert erhalten. Viele Verkäufer gehen zu blauäugig in den Termin und glauben, dass das, was sie so drauf haben, reicht - und der Rest sei Improvisation. Und wenn es dann wieder mal nicht geklappt hat, müssen die üblichen Ausreden herhalten. Denken Sie nur mal daran, wieviel Trainingszeit ein Fußballprofi aufbringt, um im entscheidenden Moment Spitzenleistungen zu erbringen.

Ermutigen Sie Ihre Verkäufer nicht, mit einem Bombardement von Argumenten Zufallstreffer zu landen, sondern sich stattdessen Fragen, Argumente und Antworten auf mögliche Einwände zurecht zu legen. Sensibilisieren Sie sie für den so genannten Sie-Standpunkt. Und geben Sie ihnen Gelegenheit, diese Themen (nicht nur) mental zu trainieren. Dies eröffnet ganz neue Sichtweisen und persönliche Sicherheit.

Für den ersten Eindruck gibt es keine zweite Chance. Bereits in den ersten Sekunden eines Kundengespräches werden grundlegende Entscheidungen getroffen. Legen Sie gemeinsam mit Ihrer Verkaufsmannschaft

Eckpunkte fest, die diesen ersten Eindruck zu einem unverwechselbar positiven Auftritt für Ihr Unternehmen machen. Nutzen Sie die Möglichkeiten vom ersten Augenblick an! Nur wer handelt, kann gewinnen. Wer nicht handelt, hat schon verloren. Erfolgreiche Tipps aus der Praxis für solche Eckpunkte sind:

- Sprechen Sie Ihren Kunden mit Namen an.
- Was Sie sagen, ist nicht so wichtig, wie die Art, wie Sie es sagen.
- Fragen Sie. Denn: Wer fragt, der führt.
- Hören Sie gut und aktiv zu.
- Kommunizieren Sie immer so, als hätten Sie unbegrenzt Zeit.
- Alle nonverbalen Informationen übertragen sich ebenso wie Worte.
- Wichtiger als jede erlernte Technik ist Ihre Natürlichkeit.
- Vertrauen Sie Ihrer Intuition.

Folgen Sie der These „Ohne Mitarbeiter ist alles nichts", hat das Thema Mitarbeitermotivation für den Vertriebserfolg allerhöchste Priorität. Dann genügt es nicht, sich durch Marketing und Werbung kurzfristig ein gutes Image aufzubauen. Auch die Mitarbeiter müssen mit ins Boot geholt werden. Individuelle Personalentwicklung und Aus- und Weiterbildung der Mitarbeiter spielen dabei ebenso eine große Rolle wie eine systematische und professionelle Mitarbeiterauswahl. Nur so kann es gelingen, die passenden Mitarbeiter zu finden und auch zu halten. Ganz wichtig ist auch, dass Führungskräfte mit gutem Beispiel vorangehen. Das färbt eindeutig auf die Mitarbeiter ab, die dann das Prinzip Kundenloyalität auch bei ihrer täglichen Arbeit leben.

Die Motivation steigt auch, wenn der Chef sich bei den Mitarbeitern für die guten Leistungen bedankt, und das vielleicht sogar vor Kunden oder in aller Öffentlichkeit. Dabei kann es weit mehr als ein Ritual sein, wenn sich das gesamte Team mit Kunden bei Sportwettbewerben trifft, um echtes Teamgefühl zu erleben. Dann sind das Lob, der Dank und die Wertschätzung an die Mitarbeiter für alle sichtbar.

Letztlich geht es darum, vollkommen normal, freundlich, kompetent, zuverlässig, ehrlich und pünktlich zu sein. Hinzu kommt die wertschätzende Haltung gegenüber allen Menschen. Das Motto hierzu könnte lauten „Service mit (Gummibärchen-)Gefühl". Selbst wenn sich alles nach „Gummibärchen-Philosphie" anhört - schön ist`s schon.

Chancen findet, wer Chancen sucht

Erfolg beginnt im Kopf: Am besten, Sie haben Ihren Erfolg mit Ihrem geistigen Auge bereits realisiert. Trauen Sie sich, ergreifen Sie die Initiative. Nutzen Sie Ihre Chancen vom ersten Augenblick an! Nur wer Chancen sucht, kann gewinnen. Wer nicht sucht, hat schon verloren. Mut, Phantasie und Tatkraft gehören zu den Lebenselixieren erfolgreicher Menschen. Trauen Sie sich, ergreifen Sie die Initiative. Machen Sie sich aber nichts vor. Sie haben immer die Kunden, die Sie verdienen.

Servicemanagement:
Vom Repair-Shop zum Service Branding

*„Der beste Kundendienst ist ein solcher,
der nicht gebraucht wird."*
(Wolf Rüdiger Struck)

Kurze Lebenszyklen, eine breite Produktpalette und sinkende Preise kennzeichnen den Markt. Der Kundendienst als Repair-Shop hat ausgedient. Wartung und Reparatur allein sind auf Dauer kein Geschäft mehr. Antworten auf diese Herausforderung sind die Schaffung neuer Dienstleistungen und die professionelle Vermarktung des Produktes Service. Doch in einer sich zusehends verändernden Servicelandschaft ist mehr als das gefordert. Die Rede ist von wirklich konsequenter Dienstleistungsorientierung.

Die aktuellen Bedingungen sind durch einen rasanten Wandel bestimmt. Markterfolge hängen entscheidend davon ab, wie schnell auf veränderte Servicebedürfnisse eingegangen werden kann. Unternehmen, die sich in der jetzigen Phase behaupten und profilieren wollen, haben ihre Position kritisch zu überdenken und neu zu formulieren. Zufriedene Kunden, engagierte Mitarbeiter und die richtige Positionierung im Vergleich zum Mitbewerb garantieren den langfristigen Serviceerfolg. Eine differenzierte Marktanalyse eröffnet die Möglichkeit, gezielt

Erfolgspotenziale zu erkennen und zu nutzen.

Wichtig erscheinen vor allen Dingen die lang- und mittelfristigen Trendveränderungen und Trendverlagerungen im Service. Bedeutsam sind Leistungsparameter wie Beratungskompetenz, Responsezeiten, Zuverlässigkeit, Qualitäts- und Leistungsniveau und Projektkompetenz. Eine kontinuierliche qualitative Analyse unterstützt die frühzeitige Wahrnehmung von Marktimpulsen und hilft, die Wettbewerbssituation im Service fortschrittlich zu gestalten.

Die Entwicklung zu anspruchsvollen und komplexen Produkten, Lösungen und Anwendungen führt zu einem grundlegenden Strukturwandel im Service-Umsatzmix. Während in der Vergangeheit große Teile des Serviceumsatzes mit Installation, Repair-Service oder Schulung realisiert wurden, hat sich dieser Wert deutlich verändert. Heute wird der Service als fundamentaler Teilbereich des Customer-Relationship-Managements (CRM), also der Pflege sämtlicher Kundenbeziehungen verstanden.

Alle Prognosen deuten darauf hin, dass wir alles in allem von einem Wachstumsmarkt Service sprechen können. Dies gilt insbesondere für die Unternehmen, die Lösungen anbieten und ihren Service auf die besonderen Kundenbedürfnisse ausrichten sowie gleichzeitig die Kompetenz besitzen, den Servicemarkt entsprechend zu segmentieren. Diese Segmentierung erweist sich aufgrund unterschiedlicher Nachfragestrukturen als zwingend notwendig. Sich rasant verändernde Produkt-Zyklen verstärken diesen Trend und unterstützen die Nachfrage nach Serviceleistungen der neuen Art. Das Ergebnis wird ein differenzierter Servicemarkt sein, mit einem breiten Nachfragespektrum nach qualifizierten und individualisierten Serviceleistungen.

Service-Champion werden

Standardkompetenzen werden durch die Zusammenarbeit mit anderen Unternehmen im Rahmen von strategischen Partnerschaften abgedeckt. Die Aktivitäten in Bereichen wie Ersatzteillogistik, Ersatzteillager oder Reparaturen werden durch autorisierte Partner ausgeführt. Bestandteil des Konzepts ist die ausdrückliche Definition des eigenen Kerngeschäfts auch für die Zukunft. Der Service ist demnach keine bloße Betriebsformel, kein getrennter Funktionsbereich, sondern eine Denkhaltung. Wie ein solcher Service aussieht, lässt sich treffend durch fünf zentrale Aspekte des Service-Champions kennzeichnen:

Prozessorientierung: Anstatt Funktionen oder Bereiche einzeln zu optimieren, stehen der Kunde und der Prozess, wie sein Anliegen befriedigt wird, im Mittelpunkt der gesamten Aufmerksamkeit.

Kompetenzmanagement: Der Service ist eine „lernende Organisation". Die Erkennung und Entwicklung der Mitarbeiterkompetenzen ist ein permanenter Prozess.

Serviceoptimierung: Serviceoptimierung statt Servicemaximierung. Wer seine Kernkompetenz definiert und seine Leistungen hierauf konzentriert, verstrickt sich nicht in langen Wertschöpfungsketten.

Kundenorientierung: Nicht nur die Aufgaben und Bereiche mit Kundenkontakt, sondern alle Mitarbeiter sind für Kundenorientierung und professionellen Service verantwortlich.

Innovationskultur: Ein innovatives Servicemanagement ist in der Lage, global, regional und lokal erfolgreich zu agieren und ebenso kurzfristig auf Kundenbedürfnisse zu reagieren.

Nicht die technische Meisterleistung ist gefragt, sondern die zweckorientierte Anwendung und ein funktionelles Servicekonzept.

Die Entwicklung von technologisch besseren und leistungsfähigeren Produkten vollzieht sich in immer kürzeren Zyklen. Die Notwendigkeit, schnell eine qualifizierte persönliche Auskunft zu erhalten, nimmt gerade durch die neuen Medien deutlich zu. Die Anwender sind in Zeiten von Blogs und Foren oft sehr gut informiert und suchen verstärkt einen Ansprechpartner, der Kompetenz besitzt. Lösungsorientierung, Projektierung, Beratung und Betreuung werden entsprechend den Prognosen in der Prioritätenskala weiter nach oben steigen.

Aktive Marktbearbeitung heißt zunächst einmal agieren und nicht reagieren. Die Strategien müssen von Anfang an auf Innovation ausgerichtet sein. Jedoch wird auch ein umfassendes Marketingkonzept sein Ziel verfehlen, wenn es nicht von den Mitarbeitern akzeptiert wird.

Servicemarketing soll ein Unternehmen wettbewerbsfähiger machen. Erfolgreiches Servicemarketing penetriert den Service nach außen und innen. Penetration nach außen setzt Bewusstseinsbildung nach innen voraus. Grundlage der Identifikation und Bewusstseinsbildung ist eine transparente Unternehmenskultur. Wichtig ist, dass Servicemarketing letztendlich auch Abteilungs- oder Bereichsgrenzen überwindet und so Mitarbeiter aus allen Funktionsbereichen zusammenwirken. Schlagworte wie flache Hierarchien, Dezentralisierung, Veränderung von Größenordnungen und Prozessorientierung gehören auch im Kern zum Servicemarketing.

Service Branding als Markenführung innerhalb des Servicemarketings beinhaltet die Schaffung, Etablierung und Penetrierung einer Servicemarke. Eine starke Servicemarke kommuniziert klar und spezifisch die Kernwerte des Serviceangebotes durch einen prägnanten Slogan und sie erzählt eine Story und erzeugt Bilder im Kopf der Zielgruppe, um die gewünschten Emotionen zu wecken.

Das Leistungsversprechen, die Inhalte und die Bilder der Servicemarke werden auf möglichst vielen, von der Zielgruppe genutzten Kommunikationskanälen wiederholt und gleichbleibend kommuniziert, so dass die Qualitäten des Serviceangebotes im Bewusstsein der Zielgruppe verankert werden.

Effizienzanalysen und Kundenbefragungen gehören zu jedem Servicekonzept. Dabei ist auf die Messbarkeit der Erfolge besonderer Wert zu legen. Es ist jede Aufgabe und Funktion zu überprüfen, wie sie schneller, einfacher und kostengünstiger erledigt werden könnte. Der Grad der Zielerreichung, sprich Kundenzufriedenheit, ist durch Kundenbefragungen zu kontrollieren. Insgesamt lässt sich ein Spitzenservice folgendermaßen charakterisieren: Man hält die Balance zwischen der Schlagkraft und der Flexibilität kleiner selbständiger Einheiten und hat es geschafft, dem Schönheitsideal eines Service-Champions zu entsprechen.

Von Strategien und Menschen

Der Service wird außerordentlich stark durch das personale Element geprägt. Dieses personale Element wird noch stärker an Bedeutung gewinnen. Die zentrale Rolle kommt der persönlichen Betreuung des einzelnen Kunden zu. Gefragt ist der Serviceberater, der bei Problemen schnell zur Stelle ist und kompetent Lösungen vermitteln kann. Die Qualifikation der Mitarbeiter stellt das eigentliche Erfolgspotenzial dar; aber nicht nur des Services, sondern des Gesamtunternehmens. Dieser Zusammenhang von Erfolgspotenzial und Mitarbeiterqualifikation im Service deutet die „Wende" an. Nicht nur organisatorisch, nicht nur unternehmenskulturell, auch in der Wertehierarchie.

Strategien bleiben immer dann wirkungslos, wenn nicht eine motivierte Mannschaft und eine engagierte Führungscrew die Umsetzung im Alltag vorantreiben. Letztlich zählen nur die aufgrund der Strategie erzielten Erfolge. In erster Linie sind bei zunehmender Serviceorientierung die Führungskräfte gefordert. Ihr Denken, Reden und Handeln bestimmt entscheidend den Grad der Dienstleistungsorientierung.

Strategisches Management im traditionellen Sinn, d.h. im technokratischen Sinne hat ausgedient. Strategisches Management wird zum dynamischen Innovationsmanagement. Auch ein mehrschichtiges und umfassendes Marketingkonzept wird seine Akzeptanz beim Kunden verfehlen, wenn die intendierten Strategien nicht von den Mitarbeitern mitgetragen werden. Ein Marketingkonzept ist nicht das Ende eines Entwicklungsprozesses, sondern sollte als dessen Anfang betrachtet werden. In zunehmendem Maße besteht deshalb die Hauptleistung in der Einschwörung aller Beteiligten des Unternehmens auf die marketingpolitischen Zielsetzungen. Die Serviceorientierung eines Unternehmens ergibt sich nicht automatisch aus der Entwicklung und Einführung von Serviceprodukten.

Insgesamt macht der Service zur Zeit einen einschneidenden Entwicklungsprozess durch. Unternehmen, die die Zeichen der Zeit frühzeitig erkannten, haben heute die Nase vorn. Aber es bedarf eines ständigen und intensiven Einsatzes, die Veränderungen des Marktes zu meistern, um sich im Wettbewerb zu behaupten.

Servicemanagement geht von der Einschätzung der Marktchancen und der Erstellung eines Stärken-Schwächen-Profils aus, um daraus abgeleitet die zukünftigen Aktionsfelder und strategischen Schwerpunkte zu definieren. In dieses Konzept gehen in der Regel aber nur Marktdaten und fachspezifische Gesichtspunkte ein, die als so genannte harte messbare

Faktoren erkennbar sind. Mentalitäten und Einstellungen der Mitarbeiter, ihre Fähigkeit und Bereitschaft, strategische Herausforderungen anzunehmen und mitzutragen und damit die wesentlichen Grundlagen einer konsequenten Dienstleistungsorientierung, bleiben zumeist außerhalb der Diskussion. Weicht die angestrebte Strategie von der gegenwärtigen ab, müssen erhebliche Anstrengungen unternommen werden, um die neuen strategischen Werte zu vermitteln und einzuüben. Da genügen in der Regel keine einfachen Trainingsmaßnahmen, da ist vielmehr Überzeugungsarbeit und konsequentes Vorgehen erforderlich. Am Anfang aller Betrachtungen steht also das Problembewusstsein, dass Unternehmensphilosophie, Servicepolitik und Servicegrundsätze Bausteine einer erfolgreichen Dienstleistungsorientierung sind.

Die wichtige strategische Frage lautet: Wie lässt sich eine, den Kundennutzen mehrende Strategie entwickeln? Die Antwort: Einzig und allein durch den Willen, zu ermitteln, auf welche Weise Kundennutzen erreichbar wird. Echtes strategisches Vorgehen besteht vor allem darin, mit filigraner Sorgfalt auf die Bedürfnisse der Kunden einzugehen. Ständig müssen Unternehmen ihren aktuellen Standort überprüfen und folgende Fragen beantworten:

- Welchen Stellenwert hat der Service in unserer Gesamtstrategie?
- Wer sind unsere heutigen Kunden?
- Wer sind unsere zukünftigen Kunden?
- Welche Bedürfnisse haben diese Kunden?
- Worin besteht die Leistung zur Befriedigung der Kundenbedürfnisse?

- Erhalten die Kunden für gutes Geld auch den gewünschten Nutzen?
- Wie lautet der von uns angebotene spezifische Kundennutzen?
- Werden unsere Services professionell vermarktet?
- Streben wir Serviceoptimierung statt Servicemaximierung an?

Indem sich der Service auf diese Kernfragen konzentriert, agiert er wahrhaft strategisch. Sich auf die eigentliche Strategie zu besinnen, heißt sich allzu raschen Antworten verschließen und nach besseren Wegen zu suchen. Nur so lassen sich langfristige Erfolge erzielen.

Dynamische Konzepte statt Kästchen

Die Betrachtung erfolgreicher Servicebereiche zeigt, dass ihre Überlegenheit immer auf einer umfassenden Konzeption basiert. Das heißt, sie verfügen über eine dynamische Organisations- und Führungsstruktur sowie ein aktuelles Planungs- und Informationssystem. Diese Unternehmen sind in der Lage, aus Unternehmensphilosophie und Unternehmenspolitik ein flexibles Managementsystem abzuleiten und damit eine besonders hohe Entscheidungsqualität zu realisieren. Diese Qualität charakterisiert das Selbstverständnis des Unternehmens und reflektiert die grundsätzlichen Ziele, Werte und Einstellungen gegenüber der Umwelt. Das Managementsystem sollte immer in zweifacher Hinsicht interpretiert werden können: einmal als Strategie und zum anderen in Form eines Unternehmensleitbildes, welches Mitarbeitern und Kunden die Möglichkeit eröffnet, die Botschaft des Unternehmens wahrzunehmen.
Hinter jedem Managementsystem müssen eine Philosophie, eine Politik

und eine Strategie stehen. Ein solches System liefert Antworten auf grundlegende Fragen wie:

- Welche Chancen haben wir in Zukunft?
- Mit welchen Risiken müssen wir rechnen?
- Wo liegen unsere besonderen Stärken?
- Wo liegen unsere Schwächen?
- In welche Serviceprodukte wollen wir investieren?
- Welche Servicemärkte wollen wir gezielt angehen?
- Wie gestalten wir unsere Serviceorganisation?
- Welche Personalentwicklungsmaßnahmen sind sinnvoll?
- Welche Karriereprogramme sind zu implementieren?

Die wirtschaftliche Umwelt eines dienstleistungsorientierten Unternehmens ist durch Wandel und den fast unbegrenzten Zugang zu Informationen geprägt. Vorhandene Problemlösungsmöglichkeiten veralten immer schneller, Veränderungen bei den Kundengewohnheiten und neue Entwicklungen zwingen zu erhöhter Flexibilität. Daneben ist eine zunehmende Komplexität von Entscheidungsprozessen wahrzunehmen.

Es wird heute noch weniger als bisher ausreichen, in raffinierter Weise Organisationsstrukturen und Kästchen zu zeichnen. Man braucht sich entwickelnde Organisationen, die gewährleisten, dass sich die Leistung der Mitarbeiter voll entfalten kann. Es gibt keine, von den Faktoren der Unternehmensumwelt unabhängig beste Organisationsform. Trotz unterschiedlicher Modewellen in der Reorganisation ist der spezifischen

Umweltsituation eher mit individuellen Organisationslösungen zu begegnen. Offene Kommunikationswege bilden sicher eine gute Basis.

In der Vergangenheit reichten Effizienz und Problemlösungskompetenz um erfolgreich zu sein. Effizienz kann man sich durch Methodik, Disziplin und Motivation aneignen. Problemlösungskompetenz erreicht man mit analytischen Instrumenten. Diese Fähigkeiten lassen sich verfeinern und verbessern. Aber, genau dasselbe nur besser zu machen, reicht nicht mehr. Es wird darauf ankommen, das Richtige zu tun.

Viele erfolgversprechende Servicekonzepte sind bereits in der Identifikationsphase stecken geblieben. Das Problem: Der Schritt zu einer eindeutigen und konsequenten Strategie ist in erster Linie eine Frage des Mutes einzelner Führungskräfte. Aus einem Flickteppich der Aktivitäten muss eine ganzheitliche Idee werden. Eine neue Idee, das ist ihre Besonderheit, geht nicht konform mit der bisherigen Praxis. Verfechter neuer Ideen sind verdächtig. Sie wollen Veränderung und Wandel, das schafft oftmals Unsicherheit auf allen Ebenen.

Der Zug fährt unaufhaltsam in Richtung First Class Customer Service. Und die Devise heißt: Lerne Deinen Kunden besser kennen als Dich selbst und denke stets daran: Kunden wollen immer nur das Passende und nicht das Beste.

Kundenbefragungen:
Kunden gewinnen und begeistern

*„Wenn man gut genug zuhört, erklären
einem die Kunden das Wesentliche."*
(Peter Schutz)

Sind Ihre Kunden zufrieden? Diese Frage beantworten nahezu alle verantwortlichen Führungskräfte mit Ja. Wenn nun fast alle Unternehmen zufriedene Kunden haben, warum klagen dann die gleichen Führungskräfte darüber, dass der Wettbewerb immer härter wird und Deckungsbeitrag und Rendite fallen? Weil die meisten Führungskräfte gar nicht wissen, ob ihre Kunden wirklich zufrieden, loyal oder sogar begeistert sind. Innovative Unternehmen haben schon lange erkannt, dass ermittelt werden sollte, was Kunden zu loyalen Stammkunden macht - weshalb sie wiederkommen oder weshalb nicht.

Herkömmliche eindimensionale Zufriedenheitsanalysen haben jedoch einen entscheidenden Nachteil. Sie messen lediglich das Ausmaß der Zufriedenheit, jedoch nicht, wo die besten Ansatzpunkte zur Steigerung der Kundenzufriedenheit hin zur Kundenbegeisterung sind.

Genau dies leistet der „Customer Satisfaction Monitor" (CSM). Der CSM besteht aus einer Auswahl von Leistungsmerkmalen, die für den Kunden unmittelbar erleb- und erfahrbar sind. Alle Leistungsmerkmale, die für den CSM benötigt werden, sind auch Bestandteil der Prozesskette.

Ganzheitliches Konzept

Die Notwendigkeit zur Messung der Kundenzufriedenheit ist unumstritten. Deshalb brauchen wir hier nicht das wirtschaftliche Umfeld, den fortschreitenden Wandel oder die demografische Entwicklung ins Feld führen um zu begründen, warum das Thema Kunde in allen Facetten nach wie vor aktuell ist. Interessant ist dann jedoch, dass es nur selten wirklich systematische Überlegungen zur Messung der Kundenzufriedenheit oder gar zur Integration wertmäßiger Betrachtungsweisen gibt.

Zu verstehen, was der Kunde als Unternehmensleistung nun tatsächlich wahrnimmt, ist in diesem Zusammenhang und natürlich für den Unternehmenserfolg von entscheidender und grundlegender Bedeutung. Nicht die absolute Zufriedenheit, die im übrigen gar nicht messbar ist, sondern die relative Zufriedenheit ist die entscheidende Größe.

Neben der Verbindung unterschiedlicher Aspekte und Ansatzpunkte der Messung von Kundenzufriedenheit sollten bei einer ganzheitlichen Betrachtung des Themas auch die langfristigen Trendveränderungen von Kundenaussagen im Rahmen eines rollierenden Erhebungsprozesses erfasst werden.

Einen eigenen Stellenwert haben im Rahmen der so genannten „Critical

Incident Technique Interviews" bei Beanstandungen, Reklamationen oder Beschwerden. Denn gerade in für Kunden kritischen Situationen zeigen sich die Schwachpunkte oder die Stärken eines Unternehmens und gerade hier lassen sich fast immer Optimierungs- oder Verbesserungspotenziale entdecken. Die Analyse von kritischen Prozessphasen erfolgt meist im Rahmen eines so genannten Blueprintings, in dessen Mittelpunkt die systematische Analyse des Prozesses der Leistungserstellung und seine Abbildung in einem Ablaufdiagramm steht.

Kundenzufriedenheit, Kundenloyalität und Kundenbegeisterung sind das Ergebnis eines langfristigen Prozesses, in dem die Mitarbeiter eines Unternehmens eine entscheidende Rolle spielen. So hilft eine Analyse der Kundenzufriedenheit auch, Veränderungen bei der Motivation der Mitarbeiter frühzeitig wahrzunehmen, denn: Kundenzufriedenheit und Mitarbeiterzufriedenheit sind zwei Seiten derselben Medaille.

Sorgfältige, langfristig angelegte Analysen können Stärken und Schwächen offenlegen sowie Aktionsfelder präzisieren. Sie sind gleichzeitig auch ein deutliches Signal für die Kunden: Ihre Meinung ist uns wichtig! Individuelle Meinungen und Aussagen werden dabei zu einem Wahrnehmungsbild verdichtet und Kriterien mit besonderer Bedeutsamkeit herausgearbeitet. Interessant ist dabei nicht nur der detaillierte Vergleich unterschiedlicher Analyseergebnisse, sondern auch das systematische Zusammenfügen verschiedener Ergebnisse zu einem Gesamtbild.

Deshalb wird auch eine quantitativ angelegte Analyse wie der Customer

Satisfaction Monitor beispielsweise durch Transaktionsanalysen oder Focusgruppenbefragungen empirisch gestützt. Der CSM bietet auch die Möglichkeit zu einem branchenübergreifenden Benchmarking. Die Benchmarks beziehen sich sowohl auf die Globalzufriedenheit als auch auf einzelne branchenrelevante Merkmale.

Das für eine Befragung konzipierte Instrument sollte neben Fragen zur Zufriedenheit der Kunden mit einzelnen Aspekten der Kundenorientierung und Leistungserbringung auch Fragen enthalten, die die Wichtigkeit bestimmter Merkmale für den Kunden thematisieren. So erst ist es möglich, im Rahmen der so genannten GAP-Analyse einen Abgleich zwischen der Wichtigkeit einzelner Punkte für den Kunden, also seinen Erwartungen, und der Zufriedenheit des Kunden mit eben diesen Punkten durchzuführen. Ist der Zufriedenheitswert schlechter als der Wert der Wichtigkeit, ist bei Überschreiten eines definierten kritischen negativen Wertes akuter Handlungsbedarf gegeben. So kann für einen Aspekt trotz eines guten Zufriedenheitswertes Handlungsbedarf bestehen. Denn die schlechte Beurteilung eines wichtigen Kriteriums ist gravierender als die schlechte Beurteilung eines weniger wichtigen Kriteriums.

Neue Technologien, NPS & Co.

Neue Technologien, geänderte Preisstrukturen bei der Mediennutzung (Telefonie und Internet) sowie eine veränderte Mediennutzung innerhalb aller Kundengruppen, haben das Internet, E-Mail und auch Mobiltelefone für die Durchführung von Befragungen stärker in den Vordergrund gerückt. Die klassischen paper-pencil-Befragungen haben ausgedient. Hinsichtlich der Methodik der Befragung insgesamt sind natürlich die Gütekriterien Objektivität, Reliabilität und Validität weiterhin zu berücksichtigen; ebenso Verständlichkeit, Relevanz und Themenauswahl. Mögliche Inhalte einer Kundenbefragung können sein:

Mitarbeiter *Engagement*
Freundlichkeit
Kompetenzen

Produkte *Qualität*
Funktionalität
Preis/Leistung
Design
Exklusivität

Dienstleistungen *Angebot*
Kosten
Organisation
Betreuung
Kontinuität

Informationen *Aktualität*
Dokumentationen
Datenaustausch
Informationswege

Service	*After Sales*
	Support
	Kulanz, Garantie
	Gewährleistung
	Reklamationen
Unternehmen	*Erwartungen*
	Erscheinungsbild
	Image
	Zusammenarbeit
Globaleinschätzung	*Loyalität mit dem Unternehmen*
	Weiterempfehlung des Unternehmens
	Wiederwahl des Unternehmens
	Gesamtzufriedenheit mit dem Unternehmen
Gruppierungsvariablen	*Branche*
	Unternehmensbereich
	Unternehmensgröße
	Dauer der Geschäftsbeziehung
	Standort
	Funktion
	Geschlecht
	Alter

Vielleicht liegt es daran, dass nicht zuletzt durch die Medien unsere

Aufmerksamkeitszeiten entscheidend verkürzt worden sind, dass immer mehr Unternehmen glauben, sie könnten die Erkenntnisse einer Kundenbefragung durch die Berechnung des so genannten „Net Promotor Scores" kurz NPS ersetzen. Die zentrale und auch einzige Frage zur Ermittlung des NPS lautet: „Wie wahrscheinlich ist es, dass Sie Produkt/Unternehmen/Dienstleistung an jemanden weiterempfehlen?". Manchmal wird auch noch die Frage nach den Gründen für bzw. gegen eine Weiterempfehlung gestellt. Aus der ersten Frage wird dann der „Net Promoter Score", der in Prozent angegeben wird, als Differenz der relativen Anteile von Fürsprechern (Kunden mit einer positiven Antwort) und Kritikern (Kunden mit einer negativen Antwort) berechnet.

Für Unternehmen, die nach innovativen Möglichkeiten zur Verbesserung der Kundenzufriedenheit nicht nur mit dem relativ kleinen Lichtkegel einer Taschenlampe suchen wollen, führt bei genauerer Betrachtung an einer umfassenden Kundenbefragung jedoch kein Weg vorbei. Folgt man der Annahme und damit den Ergebnissen zahlreicher Studien, dass ein sehr starker Zusammenhang zwischen Weiterempfehlung, Kundenzufriedenheit und Kundenloyalität besteht, hat der NPS im Zusammen- oder aber Wechselspiel mit einer umfangreicheren Kundenbefragung durchaus seinen Nutzen und seine Berechtigung.

Für den NPS spricht: Die angestrebte Kundenorientierung kann durch den Net Promoter Score in eine anschauliche Kennzahl transformiert werden, die relativ einfach zu ermitteln ist, schnell zu verstehen und, dies ist sicherlich das Wichtigste, sehr gut zu kommunizieren ist.

Auswertung mit System

Bei der Auswertung der Daten können außerdem interessante Unterschiede in der Bewertung einzelner Themenkomplexe anhand von Gruppierungsvariablen wie Branche, Unternehmensgröße oder Dauer der Geschäftsbeziehung analysiert werden.

Wichtig für die Einordnung und Bewertung der Ergebnisse einer Befragung sind auch die folgenden Überlegungen: Wo steht das Unternehmen im Vergleich mit anderen Unternehmen und Branchen? Welche Faktoren haben welchen Einfluss auf die Zufriedenheit der Kunden?

Aggregierte Daten können helfen, einen Gesamteindruck zu bekommen oder gar als Basis für Zielvereinbarungen und Leistungsbewertungen im Rahmen von Performance-Management dienen. Die hierzu oft verwendete Indexbildung gewinnt noch an Aussagekraft, wenn die aktuell ermittelten Daten zur Wichtigkeit einzelner Aspekte aus Kundensicht zur Gewichtung herangezogen werden.

Ergänzt werden sollte die Bildung eines Indexes oder der punktuelle Vergleich von Ergebnissen mit anderen Untersuchungen durch die Einordnung der Ergebnisse in ein Portfolio. Diese eindeutig handlungsorientierte Sicht auf die Ergebnisse ist hilfreich, um den Schritt von der Analyse zur Umsetzung zu vollziehen. Das Portfolio der Kundenorientierung zeigt die Zusammenhänge in einem Gesamtüberblick. Es ist eine Weiterentwicklung des Zwei-Faktoren-Ansatzes des Psychologen Herzberg.

Neben der Darstellung der verbalen Wichtigkeit und der realen Bedeutung der einzelnen Indikatoren eines Analysebereiches wird auch das entsprechende Qualitätsniveau herausgearbeitet. Damit kann das Portfolio von einem Spiegel der Kundenorientierung zu einem Frühwarnsystem für das Leistungsniveau werden.

Die Qualität der Kundenorientierung wird durch die Kategorien Motivatoren, Hygienefaktoren, Chancen und Basisfaktoren abgebildet.

Basisfaktoren haben nur einen geringen Einfluss auf die Kundenzufriedenheit. Verbesserungen tragen nur unwesentlich zur Erhöhung der Kundenbindung bei.

Hygienefaktoren sind Aspekte, deren hohes Niveau für den Kunden eine Selbstverständlichkeit darstellt. Verbesserungen bei diesen Indikatoren tragen nur unwesentlich zu einer höheren Kundenzufriedenheit bei, Verschlechterungen führen dagegen unmittelbar zu Unzufriedenheit.

Motivatoren führen bei einer Verbesserung des Leistungsangebotes zur Steigerung der Kundenorientierung und haben damit einen entscheidenden Einfluss auf Kundenbegeisterung und Kundenloyalität.

Chancen ermöglichen die Realisierung von Wettbewerbsvorteilen. Es handelt sich dabei um Kategorien, mit deren Hilfe ein zusätzliches Maß an Kundenorientierung erreicht oder ausgebaut werden kann, vor allem dann, wenn das Potenzial der Motivatoren bereits ausgeschöpft ist.

Zukunftsfähig durch Kundenwertanalyse

Ein ganzheitlicher Ansatz sollte jedoch noch weitergehen und neben der Gegenwart auch die Zukunft und vor allem wertmäßige Aspekte einer Kundenbeziehung beleuchten. Einen solchen wertorientierten Ansatz zu einem zukunftsorientierten Kundenmanagement bietet die Analyse des Kapitalwertes der Kundenbeziehungen. Basierend auf aggregierten Potenzialgrößen wie Umsatzpotenzial, Deckungsbeitrag, Zahlungsbereitschaft oder Cross-Sellig-Rate wird der Kundenwert-Index ermittelt.

So lässt sich für jeden einzelnen Kunden feststellen, ob es rentabel ist, eine Geschäftsbeziehung mit ihm zu pflegen und auch zukünftig in sie zu investieren. Dabei liegt der Fokus auf dem Wert, den ein Kunde über seinen gesamten Lebenszyklus (Customer Lifetime Value) generiert.

Der ermittelte Kundenwert kann dann zusammen mit der Wettbewerbsposition beim Kunden als Kriterium für eine potenzialorientierte Klassifizierung der Kunden dienen. Mit dem daraus resultierenden Portfolio lassen sich Prioritäten in der Kundenbetreuung neu definieren sowie Möglichkeiten für eine aktive und erfolgreiche Kundenbetreuung nutzen.

Die Erkenntnisse der Kundenwertanalyse können als ein Baustein einer ganzheitlicher Marketing- und Vertriebsstrategie gesehen werden. Eine qualifizierte Analyse mit einer am Kundenwert orientierten Gestaltung der Marketing- und Vertriebspolitik verbessert so das Unternehmensergebnis nachhaltig.

Wer Kundenerwartungen und -begeisterung ganzheitlich im Blick hat und auch wertorientierte Ansatzpunkte berücksichtigt, dem kann es fast egal sein, wie sich die Konjunktur entwickelt. Denn er ist dabei, systematisch und ganzheitlich auf die richtigen Pferde zu setzen und schafft sich so seine eigene Firmenkonjunktur.

Mentaltraining:
Gut drauf sein, wenn's drauf ankommt

*„Wenn Du es träumen kannst,
kannst Du es auch machen."*
(Walt Disney)

Motivation und mentale Stärke ist immer dann erforderlich, wenn Sie in Situationen kommen, die außerhalb der alltäglichen Routine liegen. Das kann beim sportlichen Wettkampf oder auch im privaten Umfeld sein.

Ursprünglich wurde Mentaltraining als eine Methode zur Optimierung von vor allem sportlichen Bewegungsabläufen bekannt. Heute wird unter Mentaltraining oder verwandten Begriffen eine kaum überschaubare Vielfalt von unterschiedlichen Ansätzen und Methoden verstanden.

Klassisches Mentaltraining ist das wiederholte Sich-Vorstellen eines Handlungsablaufes, ohne die Handlung aktiv auszuüben. Der Handlungsablauf basiert sowohl auf visuellen, auditiven, olfaktorischen, emotionalen und/oder haptischen Vorstellungen.

Der erzielte Erfolg hängt davon ab, wie intensiv die Vorstellung gelingt, das heißt, wie gut es gelingt, sich in die Bewegung hineinzuversetzen und die inneren Prozesse nachzuempfinden.

Für den Umsetzungserfolg ist ein Wechseln zwischen mentaler Vorstellung und wirklicher Handlung wichtig, um die Handlung in der Vorstellung immer wieder mit der ausgeführten Handlung abzugleichen. Entscheidend dabei ist, immer die Aufmerksamkeit auf die im Moment zu verrichtende Aktivität zu konzentrieren ohne voraus oder zurück zu denken. Von besonderer Bedeutung ist einerseits die realistische Selbsteinschätzung und andererseits das Vertrauen in die eigene Leistungsfähigkeit, auch unter schwierigen Bedingungen. Entspannungstechniken, Yoga oder Autogenes Training gehören dagegen eher zu den Randbereichen des Mentaltrainings. Zusammenfassend ergeben sich fünf Schwerpunkte für ein Mentaltraining:

1. Mentaltraining zum Abbau von negativen Glaubenssätzen
2. Mentaltraining zum Abbau von Ängsten
3. Mentaltraining zur gezielten Fehlervermeidung
4. Mentaltraining zur Steigerung der Leistungsfähigkeit
5. Mentaltraining als Instrument zur Teamentwicklung

Auf den Punkt fit sein und volle Leistung bringen, anders lässt sich heute nichts mehr gewinnen, im Berufsleben wie im Spitzensport. Meister des Gelingens sein - genau dann, wenn es darauf ankommt. Es geht also nicht nur darum, positiv zu denken und gut drauf zu sein. Ganz im Gegenteil: Mentaltraining ist harte Arbeit. Aber es wirkt garantiert. Durch Mentaltraining ist es möglich, seine Vorstellungen (innere Filme) zu gestalten oder zu verändern und damit wirksame und konstruktive Verhaltensstrategien für Anforderungen jenseits der Routine zu entwickeln.

Wichtig ist, immer den eigenen Kräften zu vertrauen und an die folgenden Handlungsanleitungen aus dem Mentaltraining zu denken:

Am Anfang stehen Ihre Gedanken:
Was Sie bewegen wollen, müssen Sie zunächst im Kopf bewältigen!

Ihre Gefühle werden mental durch Bilder gesteuert:
Denken Sie an eine Situation, die Ihnen Angst macht!

Machen ist der leichteste Weg zum Erfolg:
Zwischen Einsicht und Verhalten besteht nur ein loser Zusammenhang!

Ihre Motivation kommt von innen:
Wer Selbstdisziplin braucht, ist noch unmotiviert!

Die sich selbsterfüllende Prophezeiung:
Denken Sie ans Gelingen und Sie werden Recht behalten!

Entscheidungen lenken Ihre Aufmerksamkeit:
Können Sie spüren, wie das Blut in Ihrem linken Ohrläppchen pulsiert?

Ihr Wille und Ihre Vorstellung müssen identisch sein:
Beim Streit zwischen Wille und Vorstellung siegt immer die Vorstellung!

Nichtbeachtung bringt Befreiung:
Akzeptieren Sie, was nicht zu ändern ist und befreien Sie sich davon!

Nur der innere mentale Film ist die Basis für Spitzenleistungen. Echte Siegertypen haben immer verlässliche innere Filme, auf die sie zugreifen können, wenn es darauf ankommt, auch unter höchster Beanspruchung Leistung abzurufen. Mit dem Mentaltraining haben Sie eine Methode, mit der sie jederzeit außergewöhnliche Anforderungen meistern können. Die Entwicklung eines mentalen Films setzt sechs Schritte voraus:

1. Drehbuch erstellen: Zu Beginn steht die Entwicklung eins konkreten, positiven Zielplanes. Gute Zielpläne orientieren sich ausnahmslos mit ihren Strukturen und Inhalten an Ihrem augenblicklichen Leistungsniveau, d. h. die anfixierten Ziele müssen realistisch sein.

2. Regie übernehmen: In diesem Schritt erfolgt die detaillierte Beschreibung des Zielerreichungsprozesses mit eigenen Worten und Verhaltensweisen, die so genannte Vorstruktur eines inneren Films. Dies kann in Eigenregie oder Fremdregie (durch einen Coach) erfolgen. Je mehr visuelle, auditive, olfaktorische, emotionale und haptische Sinne hierbei aktiviert werden, umso mehr verfestigt sich der innere Film.

3. Die Szenen proben: In diesem Schritt werden die kritischen Sequenzen des inneren Films herausgearbeitet. Das sind die Sequenzen, in denen keine Fehler passieren dürfen. In diesem Schritt erfolgt auch die Auflösung von negativen Glaubenssätzen.

4. Die Szenen aufzeichnen: Hier erfolgt die systematische Verinnerlichung der Szenen, und zwar durch mehrfaches Nachvollziehen. Je mehr

Sinne hierbei aktiviert werden, umso mehr verfestigt sich der innere Film. Von zentraler Bedeutung ist dabei die Stimmigkeit aller Sinne.

5. *Den Film laufen lassen:* In diesem Schritt wird der Ablauf systematisiert und erhält eine klare Struktur. Der Film wird mehrfach mental abgespielt. Die Sequenzen werden mit einzelnen so genannten Ankern markiert. Diese Anker können dann in der realen Ausführungssituation blitzschnell aktiviert und abgerufen werden.

6. *Den Film erleben:* Der sechste Schritt ist die reale Ausführungssituation. Die Live-Situation wird real erlebt und einem Review unterworfen.

Wichtige Voraussetzung für den Erfolg von Mentaltraining ist, die Komfortzone routinierter Aktivitäten zu verlassen und ebenso konzentriert wie systematisch an sich zu arbeiten. Denn Teams oder Individuen sind nur erfolgreich, wenn sie - ähnlich wie beim Fußball - gut aufgestellt sind, also am richtigen Platz stehen und entsprechend ihrer Kompetenzen und Leistung eingesetzt werden und sich als Teamspieler verstehen.

Der mental Stärkere macht immer das Rennen. Da wird dann auch deutlich, warum Deutschlands Torwart Nr. 1 sich vor Beginn eines Spiels professioneller Entspannungstechniken bedient. Er weiß genau, dass er unter Anspannung nicht seine volle Leistung erbringen kann und nur im entspannten Zustand zu Spitzenleistungen fähig ist. Mittlerweile gelten viele Trainer von Spitzenvereinen im Profifußball als Verfechter dieser Form des mentalen Trainings. Und Spitzentrainer sind sich sicher: Wenn zwei ähnlich starke Mannschaften aufeinander treffen, wird am Ende das mental gut eingestellte Team gewinnen.

Es gilt: Der Kopf kann genauso trainiert werden wie die Muskeln. Im Management wie im Spitzensport ist die Konzentration auf die konkrete Situation entscheidend. Beim Elfmeter ist es unabdingbar, dass sich der Schütze mental auf diese konkrete Spannungssituation konzentriert und sich nicht ablenken lässt. Keinesfalls darf er seine Gedanken in eine andere Richtung lenken, denn knapp daneben ist auch vorbei.

Gesundheitsmanagement: Informationen zum Gebrauch

„Wer Sport betrieben hat, tut sich auch im Leben wesentlich leichter."
(Josef Neckermann)

Die Anzahl qualifizierter Fachkräfte wird weiterhin deutlich sinken, die Belegschaften altern, aber gleichzeitig werden sie härter arbeiten denn je. Führungskräfte, die ihre Mitarbeiter gesund und fit halten, investieren deshalb in ihre eigene Zukunft und in die des Unternehmens.

Ein neues Firmengebäude mit einem attraktiven Fitnessbereich. In der obersten Etage mit Blick auf die Stadt. Es mutet manchem eher nach Ferienclub als nach harter Arbeit an, wenn die Mitarbeiter das umfassende Angebot mit Ruderbank, Crosstrainer, Stepper und Laufband nutzen. Je nach Bedarf klappt ein Masseur seinen Tisch auf und massiert die Mitarbeiter, die gerade ein freies Zeitfenster haben. Freitags lädt der Firmenchef höchstpersönlich zum gesundheitsbewussten Fitnesssnack. Und fertig ist das Gesundheitsmanagement!

Ganz so einfach ist es sicherlich nicht, ein funktionierendes Gesundheitsmanagement im Unternehmen zu etablieren. Geht es doch darum, dass die Mitarbeiter motiviert bei der Arbeit und zusätzlich noch motiviert zur Arbeit an ihrer Gesundheit sind. Entscheidend für das Unternehmen ist dabei dann die wirtschaftliche Optimierung der Gesundheitsquote mit dem Ziel gesunder und leistungsfähiger Mitarbeiter, und dies zu akzeptablen Kosten.

Mehr als nur ein Trend

Systematisches Gesundheitsmanagement tut nicht nur Mitarbeitern gut, sondern auch dem Unternehmen. Arbeitszeiten und Arbeitsbelastung in den meisten Unternehmen steigen. Im Ergebnis steigt der Stress. Gleichzeitig altern die Belegschaften: allerorten fehlen qualifizierte Fachkräfte. Da wird es für viele Unternehmer zur Überlebensfrage, die eigenen Mitarbeiter zu halten und ihre Produktivität lange zu sichern. Das Mittel dazu lautet: Gesundheitsmanagement.

Lernfähigkeit und Produktivität der Mitarbeiter erhöhen sich messbar, wenn der Arbeitgeber sich um Work-Life-Balance und die Gesundheit der Mitarbeiter kümmert. Die Mitarbeiter sind zufriedener und ausgeglichener und gehen besonders motiviert zu Werke. Nicht zuletzt verbessert sich die Gesundheitsquote, wenn Mitarbeiter Sport treiben, sich gesund ernähren und auf eine rückenschonende Haltung achten.

Die Investition in die Gesundheit der Mitarbeiter lohnt sich. Wenn ein Mitarbeiter wegen eines Bandscheibenvorfalls oder Herzinfarktes Wochen oder Monate weg ist, kostet das deutlich mehr. Viele Unternehmen haben noch nicht erkannt, dass Gesundheitsmanagement gut tut.

Ganzheitliches Gesundheitsmanagement ist weit mehr als ein Trendthema. Oft in Zusammenarbeit mit führenden Sportwissenschaftlern, Medizinern, Psychologen, Mentaltrainern und Kooperationspartnern wie Universitäten oder Kliniken haben bereits einige Unternehmen ein umfassendes (Dienst)Leistungskonzept entwickelt, welches ausgehend von der Analyse des konkreten Bedarfs vor allem die spätere Umsetzung professionell unterstützt. Bereits Einzelmaßnahmen des Konzeptes reduzieren nachweislich krankheitsbedingte Fehlzeiten und senken somit die Kosten für Ausfallzeiten. Zu den Themenfeldern des ganzheitlichen Gesundheitsmanagements gehören u. a.:

1. Die Mitarbeiter werden an der Gestaltung ihrer Arbeitsbedingungen beteiligt, damit sie sich bei der Arbeit wohl fühlen und ihre Arbeit gerne machen.

2. Die älteren Mitarbeiter müssen altersgerechte Arbeitsbedingungen haben. Problemfelder werden gemeinsam analysiert und Lösungen gemeinsam erarbeitet.

3. Es gehört zur Kultur eines Unternehmens, dass bei allen geplanten Projekten an mögliche Über- und Fehlbeanspruchungen der Mitarbeiter gedacht wird.

4. Arbeitsbelastungen und Stress können nicht beliebig verringert werden. Es werden gezielte Programme entwickelt, um mit Belastungen und steigenden Anforderungen besser umzugehen.

5. Jeder kann innere Ressourcen aufbauen, aus denen er Kraft schöpft. Die Angebote werden in einem ganzheitlichen Aktionsprogramm zur Gesundheitsförderung zusammengefasst.

6. Die Führungskräfte werden im Rahmen von Seminaren dazu befähigt, ein besseres Arbeits- und Teamklima zu erzeugen. Führungsqualität zählt zu den obersten Prioritäten.

Gesundheit ist letztendlich immer das Zusammenwirken mehrerer Faktoren. Maßnahmen des Gesundheitsmanagements zielen auch darauf ab, Mitarbeitern die Integration privater, sozialer, kultureller und gesundheitlicher Erfordernisse in ihre Arbeitswelt und Karriereplanung zu ermöglichen. Der systemische Gesundheitsbegriff umfasst demnach die:

- Körperliche Gesundheit (Bewegung, Ernährung, Prävention etc.)
- Soziale Gesundheit (Beziehungen, Familie, Beruf etc.)
- Mentale Gesundheit (Motivation, Ziele, Programme etc.)
- Psychische Gesundheit (Denken, Emotionen, Gefühle etc.)

Ein bunter Strauß an Möglichkeiten

Um die Wirksamkeit der einzelnen Maßnahmen für Manager und Mitarbeiter sicherzustellen, erfordern die Maßnahmen des Gesundheitsmanagements oder Programme der Gesundheitsförderung eine grundlegende Analyse der aktuellen Situation des Unternehmens. Zu den Schwerpunkten zählen vor allem die Mitarbeiterbefragung, eine systematische vor Ort-Analyse, die gesundheitsfördernde Gestaltung der Arbeitsorganisation sowie Workshops zur betrieblichen Gesundheitsförderung.

Für die Aufgaben im Rahmen des Gesundheitsmanagements ist es sinnvoll, ein Projektteam zusammenzustellen. Das Projektteam fasst Beschlüsse über Vorgehensweisen und Maßnahmen, die in Workshops erarbeitet wurden. Die Aufgaben und Funktionen der Projektgruppe umfassen insbesondere:

- Erstellung eines Betriebshandbuches Gesundheitsmanagement
- Zusammenstellung des jährlichen Gesundheitsberichtes
- Vorbereitung einer Betriebsvereinbarung Gesundheitsmanagement
- Koordination personeller und finanzieller Ressourcen
- Kooperation mit Krankenkassen und weiteren externen Experten
- Erarbeitung eines Aktionsprogramms Gesundheitsförderung

Der Einfluss von Führung auf die Gesundheit der Mitarbeiter ist mittlerweile unumstritten. Die Zahl der Studien, die belegen, dass schlechte Führung sogar krank macht, nimmt stetig zu. Zu einem erfolgreichen Führungsverhalten gehören nach einhelliger Meinung der Führungskräfte selbst auch: Selbst- und Fremdreflexion, Umgang mit Kritik, Führen mit Zielen, Wertschätzung, Lob und Anerkennung, Beteiligung der Mitarbeiter an der Entscheidungsfindung, Leadership und Coaching, Konfliktmanagement und Sensibilität für die Probleme der Mitarbeiter. Vielerorts gibt es jedoch schon Probleme, weil mit Lob und Anerkennung gespart, dafür aber umso freigebiger mit Kritik umgegangen wird.

Wer Führungskräfte durch Workshops für diese Themen und Stressfragen allgemein sensibilisiert, schafft bei Mitarbeitern zusätzliches Vertrauen und Zufriedenheit und hat einen ersten Schritt zur Erhöhung der Gesundheitsquote gemacht. Führungskräfte können durch ihr Verhalten nicht nur dazu beitragen, Langzeitschäden bei Mitarbeitern zu vermeiden, sie tun auch etwas für das Arbeitgeberimage.

Die Führungskräfte verkörpern die ethischen Werte eines Unternehmens und sind Vorbilder und Multiplikatoren für das Thema Gesundheitsmanagement. Man kann seine Mitarbeiter schließlich nicht zwingen, aber man kann sie überzeugen und mit gutem Beispiel vorangehen. Andererseits brauchen auch Führungskräfte Unterstützung zur Erhaltung ihrer physischen und vor allem auch psychischen Gesundheit. Oft geschieht dies im Rahmen von Coaching.

Besonders nach Bekanntgabe der Ergebnisse einer Mitarbeiterbefragung oder nach einem Führungskräftefeedback ist Coaching oft die einzige Möglichkeit, dass eine Führungskraft ihre Situation erkennen und auch verändern kann. Auch in diesem Zusammenhang ist Coaching die effektivste Maßnahme der Führungskräfteentwicklung.

Für das Gesamtprojekt „Gesundheitsmanagement" ist es insbesondere für den Umsetzungserfolg wichtig, die Belegschaft möglichst früh ins Boot zu holen, damit die betriebliche Vorsorge auch im Alltag ankommt. Wenn die Geschäftsführung ein Aktionsprogramm zur Gesundheitsförderung anbieten möchte, dann sollte sie zuerst die Mitarbeiter fragen, was gewünscht und gewollt ist. Die Teilnahme an den folgenden beispielhaften Angeboten eines Aktionsprogramms sollte jedoch immer freiwillig sein:

- Individuelle Einweisungen ins Krafttraining
- Arbeitsplatzbezogene Rückenschule
- Mitgliedschaft in einer Sportgruppe
- Montags 15 min Ausgleichsgymnastik
- Donnerstags 15 min Yoga für jeden
- Kardiotraining nach Vereinbarung (z. B. Walking, Jogging)
- Ernährungsberatung für Mitarbeiter und Führungskräfte
- Diät-Aktion mit Belohnung bei Erreichen des Zielgewichts
- Allgemeiner Gesundheitscheck mit Risikoprofil (z. B. Blutbild)
- Coaching zu den Themen Burn-Out und Work-Life-Balance

Ergänzt werden kann das Aktionsprogramm durch ein vielfältiges Obst- und Salatangebot in der Cafeteria, durch arbeitsplatznah aufgestellte Trinkwasserspender oder durch einen Intranetauftritt mit medizinischen Hintergrundinformationen.

Termindruck und hohe Arbeitsbelastung können Konzentration kosten, frustrieren oder Angstzustände auslösen, aber auch Verspannungen erzeugen. Angebote zur Massage in der Mittagspause oder Entspannungstrainings senken körperliche Beschwerden. Workshops zum Stressmanagement können die gefühlte Belastung reduzieren. Zudem steigert nach medizinischen Erkenntnissen Bewegung nicht nur die körperliche Leistungsfähigkeit, sondern auch das allgemeine Wohlbefinden. Zusatzeffekt bei solchen Aktivitäten: das Wir-Gefühl.

Ohne die richtige Ernährung ist alles nichts

Schlechte Ernährung gilt als Ursache für diabetische Erkrankungen, Allergien und Fettleibigkeit. Weil Mitarbeiter oft die Hauptmahlzeit bei der Arbeit zu sich nehmen, entfaltet betriebliches Gesundheitsmanagement hier eine hohe Wirkung.

Essen soll auch Spaß machen! Frische, leckere, gesunde, schmackhafte Lebensmittel und Mahlzeiten machen fit und leistungsfähig. Die folgenden Ernährungstipps basieren auf klinischen Studien mit fast 40.000 Männern und knapp 70.000 Frauen unter der Leitung von Walter Willett, Präsident der Abteilung für Ernährung an der Harvard School of Public. Kern des Konzepts ist: Es gibt keinerlei Ernährungsverbote, lediglich eine Gewichtung von Lebensmittelgruppen.

Zur Basisernährung, also den Nahrungsmitteln, die in erster Linie verzehrt werden sollten, gehören Obst, Beeren, Gemüse, Salate, Avocados, Nüsse, Öle, Hülsenfrüchte, Fleisch, Geflügel, Eier, Fisch und Meeresfrüchte. Gerade diese Nahrungsmittel mit Vitaminen und Mineralstoffen, Proteinen und ungesättigten Fettsäuren prädestinieren dazu, die Palette an mediterranen Gerichten ohne irgendwelche Einschränkungen zu genießen. Rotwein, Kaffee und Tee vertragen sich problemlos mit dieser Ernährungsmethode. Natürlich nur, wenn alles maßvoll genossen wird.

Dass eine eiweißreiche Ernährung die Nieren belastet, ist eine längst überkommene Vorstellung. Neueste Studien sprechen eine deutlich andere Sprache und widerlegen die angebliche Schädigung der Nieren durch hohe Eiweißzufuhr. Genau genommen muss man diese Frage differenziert betrachten: Eine gesunde Niere wird nach heutigem Wissen durch hohe Eiweißzufuhr nicht geschädigt. Vielmehr führt eine hohe Eiweißzufuhr dazu, dass sich die Nieren in Größe und Leistung an die Mehrarbeit anpassen. Allein Nierenkranke sollten hier vorsichtig sein.

Zur konkreten Umsetzung im Alltag hier einige Tipps im Überblick:

1. Setzen Sie sich realistische Ernährungsziele!
2. Machen Sie Ihrem Stoffwechsel täglich Dampf!
3. Wenn Sie wirklich Hunger haben, dann essen Sie!
4. Essen Sie sich satt an eiweißhaltigen Produkten!
5. Essen Sie immer fettbewusst!
6. Orientieren Sie sich am Glykämischen Index!
7. Trinken Sie täglich 2-3 Liter Wasser!
8. Essen Sie nach der Maxime „Klasse statt Masse"!
9. Entdecken Sie den Genuss ganz neu!

Wer körperlich und geistig die volle Leistungsfähigkeit bringen will, sollte seinem Körper immer die richtigen Nährstoffe zur Verfügung stellen.

Work-Life-Balance:
Das neue Selbstmanagement

„Gleichgewicht halten ist die erfolgreichste Bewegung des Lebens."
(Friedel Beutelrock)

Die Begriffe Selbstorganisation und Ziel-, Zeit und Selbstmanagement werden meist synonym verwendet. Im Kern geht es um die Kompetenz, die eigene persönliche und berufliche Entwicklung weitestgehend unabhängig von äußeren Faktoren zu gestalten.

Grundsätzlich lassen sich vier Generationen des Selbstmanagements unterscheiden:

1. Generation: *Checklisten* - Strukturen
2. Generation: *Planung* - Prozesse
3. Generation: *Prioritäten* - Effizienz
4. Generation: *Synergien* - Effektivität

In der ersten Generation stand das so genannte Zeitmanagement zur persönlichen Arbeitsorganisation im Vordergrund. Mit Zeitplanern, Checklisten, Kalendern und To-Do-Listen hat man versucht, vor allem die Arbeitsabläufe und die eigene Produktivität zu steigern.

Die zweite Generation des Selbstmanagements legt den Schwerpunkt auf die sinnvolle Planung und Vorbereitung von Aufgaben, Sitzungen und Projekten. Dazu gehört auch, die „richtigen" Ziele zu setzen und den Blick für Prozesse zu schärfen.

Die dritte Generation geht einen Schritt weiter und umfasst die Wahrnehmung der persönlichen Verantwortung für die Planung und Gestaltung zukünftiger Aktivitäten, die im Einklang mit den persönlichen Prioritäten, Werten und Zielen stehen.

Die vierte Generation des Selbstmanagements fokussiert sich auf das Thema Work-Life-Balance. Sie thematisiert die Suche nach dem tieferen Sinn in der persönlichen Entwicklung und hat als Schwerpunkt die Verbesserung der Lebensqualität. Die strukturelle Perspektive beinhaltet dabei die Vereinbarkeit von Berufs-, Privat- und Familienleben durch die Möglichkeit, lebensphasenspezifisch und individuell die Interessen aller Bereiche berücksichtigen zu können. Die individuelle Perspektive beinhaltet die Möglichkeiten, sich durch Selbstmanagement zugleich dem Beruf und der Karriere sowie dem Leben und der Familie zu widmen.

Als Denkansatz und Methode zur Planung, Systematisierung und Bewusstseinsbildung kann auf individueller Ebene das in vielen Unternehmen aus dem Controlling bekannte und oft auch verkannte Instrument der „Balanced-Scorecard" genutzt werden. Die sonst als so genannte Leistungstreiber benutzten Bereiche Finanzen, Prozesse, Kunden und Mitarbeiter werden ersetzt durch Gesundheit, Arbeit, Familie und Freunde, wobei die Gesundheit als zentraler Treiber gesehen werden kann. Ausgehend von einer Bestandsaufnahme sind dann hier ebenso Leitziele, Strategien und Maßnahmen zu definieren, die man dann in einem rollierenden Prozess ständig überwachen und weiterentwickeln kann.

Ziel in Unternehmen ist es, das ein hoch spezialisierter Arbeitsprozess effizient funktioniert. Dieser Effizienzdruck erzwingt paradoxerweise einen erhöhten Kommunikationsaufwand. Gleichzeitig gibt es viel Reibungsverlust durch wenig durchdachte Arbeitsabläufe oder unklare Regelungen. Diese Defizite müssen in der Regel durch informelle Informationsleistungen der Führungskräfte und Mitarbeiter ausgeglichen werden. Das ist mit zusätzlichen Belastungen verbunden, was sich wiederum in konflikthaften Teambeziehungen ausdrücken kann. Ständige Hektik und die permanente Erreichbarkeit und Verfügbarkeit sind jedoch weniger der Aufgabenlogik zuzuschreiben, als vielmehr individuellen Verhaltensweisen. Denn:

Führungskräfte arbeiten überdurchschnittlich viel!
72 % der Führungskräfte arbeiten mehr als 50 Stunden pro Woche
39 % der Führungskräfte arbeiten an Sonn- und Feiertagen
88 % der Führungskräfte empfinden die Arbeitsbelastung als normal
91 % der Führungskräfte empfinden Freude am Job

Führungskräfte sind in der Regel intrinsisch motiviert!
89 % der Führungskräfte suchen die Herausforderungen
53 % der Führungskräfte suchen besondere Anerkennung

51 % der Führungskräfte suchen intellektuelle Leistungen
19 % der Führungskräfte suchen den extremen Adrenalinkick

Führungskräfte verlieren 21 % ihrer Arbeitszeit!
89 % der verbalen Kontakte kommen ad hoc zustande
57 % haben keine erkennbaren Muster der Selbstorganisation
61 % springen von Problem zu Problem

Bei genauerer Betrachtung dieser Zahlen stellt sich die Frage nach der individuellen Lebensqualität. Work-Life-Balance setzt genau hier an und konzentriert sich auf die Verbesserung der Lebensqualität durch die Befriedigung von grundlegenden Bedürfnissen wie:

- Leistungsfähigkeit durch mentale Energie
- Beziehungsaufbau durch intensive Kommunikation
- Entwicklungsfähigkeit durch aktive Lernbereitschaft
- Wachstum durch inspirierende Zukunftsperspektiven

Das menschliche Arbeiten vollzieht sich in folgenden drei Stufen: Die große Idee, die kleinen Ideen, die kleinen Taten. Leider bleiben die meisten Menschen stets auf der ersten Stufe stehen. Bleiben stehen bei der großen Idee oder bei dem großen Vorsatz.

Noch einmal: Die große Idee, die kleinen Ideen, die kleinen Taten und keine vierte Stufe, nur machen! Dafür 30 Tipps bzw. Handlungsanleitungen aus der Praxis für die Praxis:

1. Beschreiben Sie Ihren individuellen Einflusskreis!
2. Erarbeiten Sie Ihre persönliche Mission!
3. Formulieren Sie Ihren persönlichen Zielkatalog!
4. Nutzen Sie das Mentaltraining zur Motivation!
5. Sagen Sie NEIN, ohne sich schuldig zu fühlen!
6. Zeigen Sie Konsequenz gegen sich und andere!
7. Entwickeln Sie eine individuelle Arbeitsorganisation!
8. Definieren Sie für jede Aktivität ein Zeitfenster!
9. Setzen Sie sich für jede Aktivität einen Start- und Endtermin!
10. Führen Sie kein Gespräch ohne Termin und Thema!
11. Schaffen Sie sich für Ihre Aufgaben Arbeitspakete!
12. Berücksichtigen Sie für Ihre Planung Pufferzeiten!
13. Erledigen Sie Ihre Routinetätigkeiten tagesaktuell!
14. Reduzieren Sie Besprechungen auf max. 60-90 Minuten!
15. Machen Sie alle 60 Minuten eine kurze Entspannungspause!
16. Orientieren Sie sich bei Ihrer Planung immer an der Realität!
17. Bleiben Sie flexibel bei Ihrer Planung!
18. Sorgen Sie für Zielklarheit!
19. Erledigen Sie unangenehme Aufgaben möglichst sofort!
20. Fragen Sie sich, was rationalisiert/eliminiert werden kann!
21. Nutzen Sie Entspannungstechniken!
22. Berücksichtigen Sie Biorhythmus und Leistungskurve!
23. Berücksichtigen Sie Ihre individuelle Tagesstörkurve!
24. Setzen Sie die ALPEN-Methode zur Tagesplanung ein!
25. Schaffen Sie sich Freiräume für Konzeptarbeit (Stille Stunde)!
26. Verpflichten Sie sich und Ihr Umfeld, Termine einzuhalten!

27. *Schirmen Sie sich bei wichtigen Tätigkeiten ab!*
28. *Gönnen Sie sich eine Belohnung für erledigte Tätigkeiten!*
29. *Vermeiden Sie Aufschieberitis!*
30. *Verhindern Sie zu spontane Aktivitäten!*

Die großen Fragen sind:

Woher komme ich?
Wohin gehe ich?
Welchen Sinn hat mein Leben?

Man lebt nur einmal und weiß, dass es irgendwann zu Ende gehen wird. Die meisten Menschen tun jedoch so, als ob es nie zu Ende geht. Es ist wichtig, diese Überlegungen zu berücksichtigen und darüber nachzudenken, was dies für das eigene Leben und Arbeiten bedeutet.

Ausstieg:
Gummibärchen für alle

> *„Es gibt nur ein Ziel, keinen Weg.*
> *Was wir Weg nennen ist Zögern"*
> (Franz Kafka)

Am Ende eines Buches stellt sich für die Autoren immer die Frage nach dem richtigen Ausstieg. Markige Worte müssen her - wie etwa die Forderung: Gummibärchen für alle - verbunden mit einer Aufforderung, auf jeden Fall heute noch etwas zu tun. Das Motto Gummibärchen für alle als Handlungsmaxime ist zwar aus unserer Sicht ein erstrebenswerter Zustand, der jedoch, will man realistisch bleiben, nur in kleinen Schritten erreicht werden kann.

Deshalb würden wir ans Ende dieses Buches am liebsten eine Tüte Gummibärchen stellen. Und zwar aus folgenden Gründen:

1. Gummibärchen helfen beim Nachdenken - falls jemand nach der Lektüre des Buches wirklich etwas verändern möchte.

2. Gummibärchen machen glücklich - falls sich der ein oder andere beim Lesen dieses Buches über eine Aussage oder gar ein ganzes Kapitel geärgert hat.

3. Gummibärchen können verschenkt werden - falls jemand während des Stöberns in diesem Buch an eine Person erinnert wurde, der er dringend seine Wertschätzung zeigen möchte.

4. Gummibärchen aktivieren das Gehirn - falls jemand gerade ganz aktuell seine Leistungsfähigkeit steigern oder einfach professionell seinen Beitrag in seinem Arbeitsumfeld leisten will.

Natürlich hoffen wir auch, dass der eine oder andere Leser - vor allem wenn er Chef ist - sich selbst eine Tüte Gummibärchen besorgt. Vielleicht findet sich auch ein mutiger Mitarbeiter, der seinem Chef eine Tüte Gummibärchen und vielleicht auch dieses Buch schenkt.

Aber Achtung: Wenn Sie die Tüte Gummibärchen nicht öffnen, werden sich die entsprechenden Effekte natürlich nicht einstellen. Für die mutigen Mitarbeiter heißt das dann wiederum: Achten Sie darauf, dass der Chef die Tüte nicht in die Schreibtischschublade zu den gesammelten Schubladenkonzepten und unerledigten Themen legt.

Da es uns leider nicht möglich war, eine Tüte Gummibärchen beizulegen, erlauben wir uns zum Ende einige Worte aus dem Einstig zu wiederholen, die uns besonders wichtig erscheinen.

Emotionale Reaktionen erfolgen fast doppelt so schnell wie rationale. In der Regel versucht Ihr Verstand nur eine Entscheidung rational zu begründen, die Sie emotional schon längst gefällt haben. Bringen Sie durch die Gummibärchen-Strategie positive Gefühle, rationale Erwägungen und emotionales Erfahrungswissen in Einklang.

Keine Entscheidung ist dabei auf jeden Fall immer eine schlechte Entscheidung. Und bedenken Sie: Gummibärchen sind nicht nur gut für die Entscheidungen des Chefs, sie sind auch ein wichtiges Hilfsmittel bei der erfolgreichen Mitarbeiterführung und -motivation.

Literaturquellen

Bedienungsanleitung für ein menschliches Gehirn
Gerald Hüther
Göttingen 2007

Besser verhandeln
Jutta Portner
Offenbach 2010

Betriebliche Gesundheitsförderung
Ingo Froböse
Holger Wellmann
Stuttgart 2008

Das Wüstenseminar
Daniela A. Ben Said
Vechta 2009

Die 100 besten Coaching-Übungen
Martin Wehrle
Bonn 2010

Echte Gefühle
Manfred Batz
Volker Wefelmeier
Leipzig 2013

Entscheide dich jetzt! Erfolg ist lernbar!
Mirko Ribul
Wien 2003

Erfolgreiches Personalmarketing
Manfred Batz
Heidelberg 1996

Führen, Fördern, Coachen
Elisabeth Haberleitner
Elisabeth Deistler
Robert Ungvari
München 2009

Führen heißt, Gespräche führen
Manfred Batz
Leipzig 2013

Führung in Management und Märchen
Rolf Wunderer
Neuwied 2010

Gut drauf sein, wenn's drauf ankommt
Hans Eberspächer
München 2008

Ich weiß, was Du denkst
Thorsten Havener
Hamburg 2009

Kommunikationstraining
Vera F. Birkenbihl
München 2013

Management Navigator
Stefan Doblhofer
Wien 2008

Mehr Lust auf Leistung
Evelyn Rosewich
Offenbach 2003

Meine 202 besten Tipps für Verkäufer
Rolf. H. Ruhleder
Offenbach 2008

Mental gewinnen
Bill Beswick
Frankfurt 2012

Miteinander reden von A bis Z
Friedemann Schulz von Thun
Reinbeck 2012

NLP - Mentale Ressourcen nutzen
Barbara Seidl
Freiburg 2012

Personalentwicklung
Wolfgang Mentzel
München 2008

Personalmarketing 2.0
Christoph Beck (Hrsg.)
Köln 2008

Service Business
Manfred Batz
Heike Andreschak
Neuwied 1998

Training & Erfolg
Manfred Batz
Matthias Bialas
Leipzig 2013

Strategisches Kompetenzmanagement
Walter Jochmann
Sascha Gechter
Berlin 2007

Stroh im Kopf?
Vera F. Birkenbihl
München 2013

Stichwortverzeichnis

A

ABC-Analyse	184
Abweichungsanalyse	114
Alpen-Methode	235
Anerkennungsgespräche	100
Anforderungsanalysen	50
Anpassungsfähigkeit	32
Application Service Providing	53
Arbeitgeberimage	78
Arbeitgebermarke	81
Arbeitsbedingungen	117, 223
Arbeitsorganisation	117
Arbeitspakete	235
ASP-Lösung	53
Aufschieberitis	235
Ausgleichsgymnastik	227
Austrittsinterview	115

B

Basisernährung	228
Benchmark	91
Besprechungsmoderation	142
Betriebsvereinbarung	225
Bewerbermanagement	56
Bewusstsein	15, 27
Bewusstseinsbildung	31
Biorhythmus	235
Blutbild	227
Botschaften	19

C

Call-Visit-Call	185
Chance-Management	27
Chancen	29
Coach	40

Coaching	37	Entscheidungsträger	33
Coachingqualitäten	94	Erfolgsformel	9
Commitment	27, 85	Erfolgspotenziale	192
Corpus	138	Ergebnisbereiche	60
Critical Incident Technique	204	Ernährung	228
Cross-Selling-Rate	212	Exitgespräche	100
Customer Lifetime Ansatz	184		
Customer Satisfaction Monitor	203	F	
		Facebook	83
D		Fairness	90
Datenerfassung	121	Feedback	43, 73, 98
Datensicherheit	116	Feedbacksysteme	86
Dialog	66	Filme, mentale	15
Dienstleistungsorientierung	197	Finanzen	120
Do-How	25	Finanzmanagement	33
		Firmenkonjunktur	213
E		First Class Customer Service	201
Effektivität	25	Flexibilität	56
Effizienz	25	Flirtsituation	15
Eigenverantwortung	86, 96	Fördergespräch	100
Einflusskreis	235	Förderpläne	86
Einwandbehandlung	177	Four-P-Modell	80
Emotionen	15	Fragebogen	113
Employer Branding	56, 77	Frequency	185
Energie, mentale	234	Frühwarnsystem	121
Entscheidungsprinzipien	163	Führung, situative	41

Führungsanspruch	89	Gruppierungsvariablen	119
Führungsinstrumente	28	Guru	9
Führungskultur	114		
Führungsleitlinien	89	**H**	
Führungsprozess	43	Handlungsbedarf	31, 114
Führungsverhalten	41, 114, 118	Handlungsempfehlungen	13
Fünf-Satz-Regel	128	Harvard-Konzept	162
		High-Potentials	40
G		Humanressourcen	56
GAP-Analyse	114, 206	Hygienefaktoren	121, 211
Geburtstagsbriefe	22		
Gefahren	29	**I**	
Gehirn	15	Informationsaustausch	94
Geschäftsziele	31	Infrastruktur	32
Gesprächsführung (5-W)	104	Inhouse-Variante	53
Gesprächsleitfaden	176	Innovationsfähigkeit	32
Gesundheit, körperliche	224	Innovationskultur	194
Gesundheit, mentale	224	Integrating	42
Gesundheit, psychische	224	Integrität	92
Gesundheit, soziale	224	Intellektus	138
Gesundheitsförderung	224	Investitionen	32
Gesundheitsmanagement	93, 221		
Gewichtung	120	**J**	
Glaubenssätze	216	Jahresziele	67
Globalisierung	9, 79	Jobfamilien	50
Google+	83	Jogging	227

K		
Karrierepläne	86	
Kennzahlen	45	
Kernziele	73	
Klima	72	
Know-How	25	
Komfortzone	219	
Kompetenzen	28	
Kompetenzentwicklung	84	
Kompetenzerkennung	84	
Kompetenzmanagement	45	
Kompetenzmodell	55	
Kompetenzprofile	50	
Komplexitätsreduktion	33	
Konfliktgespräch	100	
Kontaktphase	164	
Kontrakte	174	
Krafttraining	227	
Kriterien Recency	185	
Kritikgespräch	100	
Kundenbefragung	120, 203	
Kundenbindungsinstrument	181	
Kundenloyalität	189	
Kundennutzen	198	
Kundenorientierung	91	
Kundenwert	183	
Kundenwert-Index	212	
Kundenwertanalyse	212	
Kündigung, innere	111	
KVP	144	

L		
Lampenfieber	131	
Laufbahnplanung	51	
Lautstärke	136	
Leader	38	
Leadership	33, 37	
Lebensmotto	23	
Lebenszyklus	183	
Leistungsbereitschaft	118	
Leistungskurve	235	
Leistungsprozess	60	
Leistungsversprechen	82, 196	
Leitlinien	98	
Lingua	138	
LinkedIn	83	
Lösungsalternativen	163	
Loyalität	109, 178	

M		
Mailingmethode, duale	179	
Mainstream	9	

Make yourself available	186	Nein-Quote	174
Management by Objectives	60	Net Promotor Score	123, 206
Management by Results	60	Networking	187
Managementguru	9	Neuausrichtung	30
Managementinformationssystem	31	Neukundengewinnung	171
Marktwert	45	NPS	124, 209
Mentaltraining	215	Nutzenpotenziale	79
Messhöhe	61		
Mitarbeiterauswahl	22	**O**	
Mitarbeiterbefragungen	113	Objektivität	116, 206
Mitarbeiterbesprechungen	95	on demand	53
Mitarbeiterführung	17, 22	Opportunities	29
Mitarbeitergespräch	52, 66, 97	Organisationsstrukturen	200
Mitarbeiterhearing	86		
Mitarbeiterzufriedenheit	113	**P**	
Mittel, rhetorische	135	Participating	42
Moderation	141	Pathologie	25
Moderationsschritte	145	Personalentwicklung	51, 97, 118
Monetary Ratio	185	Personalmarketing	56, 77
Motivation	17, 23	Personalmarketing 2.0	82
Musterlösung	9	Portato	136
		Positionierung	29
N		PowerPoint	133
Nachfolgeplanung	51	Prägnanz	139
Nachhaltigkeit	25, 93	Präsentation, dialektische	129
Nahrung	229	Präsentation, fragenbezogene	130

Präsentation, prozessbezogen	129	Return on Investment	55
Präsentation, sachbezogene	130	RFMR-Ansatz	185
Praxiseinführung	53	Risikobereitschaft	33
Preisakzeptanz	178	Risikoprofil	227
Prioritäten	27	Routinetätigkeiten	235
Problemlösung	71	Rückenschule	227
Problemlösungskompetenz	201	Rückkehrgespräch	101
Produktpalette	191	Rücklaufquote	113
Projektteam	86		
Prozesse	39, 120	**S**	
Prozessorientierung	193	SaaS Variante	53
Pufferzeiten	235	Schwächen	29
		Scoring Modell	184
Q		Selbstbewusstsein	111
Quality Employer Branding	80	Selbstmanagement	231
Quartalsgespräch	59, 70	Selbstvertrauen	32
		Selbstzweifel	111
R		Self-Service	54
Rahmenbedingungen	78	Selling	42
Rationalisierungspotenziale	113	Sensus	138
Re-Integration	35	Service Branding	195
Re-Vitalisierung	35	Service-Champion	193
Reaktionen, emotionale	238	Servicemanagement	191
Redeängste	131	Social Media	82
Reliabilität	116, 206	Social Web	82
Ressourcen	225	Software	48

Spitzenleistungen	182	Unique Selling Proposition	21
Sprachstilebene	136	Unternehmenserfolg	56
Sprechtempo	136	Unternehmensimage	118
Stakkato	136	Unternehmenskultur	28
Stimulanz	139	Unternehmensleitbild	199
Storytelling	9, 125	Unternehmenswerte	96
Strategie	25		
Strategiefindung	34	**V**	
Strategiemanagement	26	Validität	116, 206
Strength	29	Veränderungsbereitschaft	94
Strukturen	39	Veränderungsdruck	79
SWOT-Analyse	144, 29	Veränderungsprozess	28, 33
System, ausbalanciertes	64	Veränderungszyklen	79
		Verantwortung	93
T		Vergütung	117
Tabus	107	Verhandeln	161
Talentmanagement	51	Verhandlungsarten	161
Teamentwicklung	216	Verhandlungserfolg	161
Teamklima	108	Verhandlungsführung	166
Telling	42	Verhandlungsoptionen	169
Threats	29	Verhandlungspartner	166
Tonhöhe	136	Verkaufsgespräch	188
Transparenz	94	Vertrauen	71, 90
		Vertriebsoptimierung	181
U		Verweigerungshaltung	110
Umweltschutz	93	VIP-Einladung	180

Visionen	39	Zeitrelevanz	32
Visitenkartenmethode, duale	179	Zielerreichungsgrad	34
		Zielgespräche	59
W		Zielkundenmanagement	33
Wahrnehmungsphase	104	Zielvereinbarung	59
Wandel, demografischer	9, 49	Zusammenarbeit	117
Wasphase	106	Zuverlässigkeit	92
Weakness	29	Zwei-Faktoren-Ansatz	121, 211
Weiterbildung	51		
Werbeaktionen	21		
Wertschätzung	17, 20, 71		
Wertschätzungsphase	104		
Wertschöpfung	79		
Wertschöpfungscenter	34		
Wettbewerb	25		
Wichtigkeit	114		
Wirklichkeitsphase	106		
Wirkungsphase	105		
Work-Life-Balance	222, 231		
Workshopmoderation	144		

X
XING 83

Z
Zeitfenster 235

Autoren

Manfred Batz studierte Ökonomie, Soziologie und Psychologie. Er war unter anderem Mitarbeiter des renommierten Führungsexperten Prof. Dr. Rolf Wunderer (Universität St. Gallen), Leiter Internationales Dienstleistungsmarketing bei einem weltweit führenden IT-Unternehmen und Bereichsvorstand Strategie und Personal bei einem DAX-Unternehmen.

Seit mehr als 20 Jahren ist er Geschäftsführer der Batz & Team Management GmbH, Autor der Fachbücher „Erfolgreiches Personalmarketing", „Service Business", „Meisterlich erfolgreich", „Training & Erfolg" und „Echte Gefühle" sowie weiterer Publikationen in Fachzeitschriften.

Nach über 20 Jahren Beratungs- und Trainingserfahrung zählt er heute zu den führenden und gefragtesten Leadership-Coaches.